U0336979

B I U A⁺ A⁻

李炯炎 著

学会写作

机械工业出版社
CHINA MACHINE PRESS

《学会写作》旨在帮助读者掌握新媒体文章的写作技巧和运营策略，提升职场竞争力，实现个人价值。第一章为写作技巧，带领读者探索新媒体文章的本质，了解不同类型的文章如何构思和撰写，从选题的挖掘、论点的构建、大纲的构思，到开头、结尾、金句的创作，再到素材的积累、故事的打造、标题的拟定等方面，均提供了详细的方法。第二章为媒体实战，通过案例分析和讲解，介绍微头条、情感类文章、干货类文章和人物稿的特点和撰写方法，帮助读者提高在新媒体领域的实战能力。第三章为数据分析，介绍如何通过对数据的拆解提升文章质量和推荐量，从而提高文章收益。第四章为持续精进，介绍如何通过学习爆款文章提高写作水平、如何提高投稿成功率，以及如何进行高效复盘，帮助读者在自媒体之路上不断精进。

图书在版编目（CIP）数据

学会写作 / 李炯炎著. —北京：机械工业出版社，2024.3

ISBN 978 - 7 - 111 - 74816 - 8

Ⅰ.①学… Ⅱ.①李… Ⅲ.①汉语-写作 Ⅳ.①H15

中国国家版本馆 CIP 数据核字（2024）第 009734 号

机械工业出版社（北京市百万庄大街 22 号　邮政编码 100037）
策划编辑：解文涛　　　　　　责任编辑：解文涛
责任校对：王荣庆　张　征　　责任印制：张　博
北京联兴盛业印刷股份有限公司印刷
2024 年 3 月第 1 版第 1 次印刷
145mm × 210mm · 7.875 印张 · 3 插页 · 129 千字
标准书号：ISBN 978 - 7 - 111 - 74816 - 8
定价：69.80 元

电话服务　　　　　　　　　　网络服务
客服电话：010 - 88361066　　机 工 官 网：www.cmpbook.com
　　　　　010 - 88379833　　机 工 官 博：weibo.com/cmp1952
　　　　　010 - 68326294　　金 书 网：www.golden-book.com
封底无防伪标均为盗版　　机工教育服务网：www.cmpedu.com

前　言

互联网时代，新媒体人变现和就业的优势有多大

　　谈起新媒体，人人都不陌生，我们每天都生活在新媒体流行的环境中，我们身处的时代也因为新媒体的诞生和发展，正奔涌向前。

　　早在2019年，权威数据机构"艾媒咨询"就发布数据称，在新媒体三项细分领域中，中国新媒体用户叠加总数逼近20亿人，并且正在飞速增长，如下图所示。

2017—2019年中国新媒体行业不同领域用户规模（单位：亿人）

　　毫无疑问，新媒体给普通人提供了改变自我的机遇。

　　你可能会问，通过新媒体变现会不会很难？

　　在回答这个问题之前，我先讲一下我的学员的例子。

我的学员 A，在大学还没有毕业的时候，就在有书学习新媒体写作。一方面，他给有书投稿，一旦稿件被录取，就能得到相应的稿酬；另一方面，他还开设了自己的新媒体账号，撰写一些文章。

2019—2020 年，他几乎每个月都能从有书赚取 2000 元以上的稿酬，与此同时，他的新媒体账号的粉丝量也增长到 1 万。他还在 2019 年拿到了今日头条全国新媒体写作大赛青年组的三等奖，并获得了丰厚的奖金。

到了 2021 年，他开始全力投入新媒体写作，目前已经成为数十个平台的签约作者。

你可能会说他是大学生，有一定的写作基础，或者说他在写作方面有天赋。

那我再给你举个例子。在有书开设的新媒体写作训练营中，有不少从来都没有接触过写作的学员。他们通过两个月的学习，就收获了 500～3000 元不等的稿酬。

听起来是不是很神奇？其实，新媒体非常适合普通人做副业，原因在于：

（1）入行门槛极低。一学就会，即使是没有写过文章的人，经过简单的学习，套用写作技巧，也能写出不错的文章。

（2）执行简单。只需要一台连接网络的电脑，在家里、入就有保障了。

说完了投稿变现，我们再来说一下第二种变现方式，即通过建立个人账号来进行变现。

建立个人账号是指在学习写作的同时，向平台申请一个自己的账号。根据自己的想法发布内容，自己做博主。

如果你的账号有了固定的粉丝和阅读量，那你就能直接获得收入。

在今日头条，一篇阅读量高的短文，尽管只有三五百字，也能获得数百元的收入。

在微信公众号，如果你的文章的平均阅读量能达到2000，那接一条广告至少可以拿到1500元的广告费，垂直领域账号的广告费更高。

你可以在多个平台建立个人账号，如微信公众号、头条号、百家号、抖音、快手、小红书、视频号、B站、知乎等，总有最适合自己变现的平台。

在自己的账号上，我们可以接广告，可以卖货，也可以通过平台流量获得收益。

第三种变现方式就是入职新媒体岗位。这种变现方式就是通过学习新媒体知识，找到一份和新媒体相关的工作，全职或兼职都可以。

我认识一些公司老板，因为公司的新媒体账号比较多，运营人手不够，所以经常让我为他们介绍新媒体兼职人才。在北京，这样的公司还有很多，因此也就出现了大量的新媒体运营人才缺口。

以上就是三种常见的新媒体变现方式。

进入新媒体行业后，你的人生将有更多可能，快加入进来吧。

在此，我要衷心感谢有书创始人兼 CEO 雷文涛先生为我提供了宝贵的平台支撑，使我有机会将这本书呈现给广大读者。同时，我也要感谢李方军先生和牛国兆先生在本书写作过程中给予的宝贵指导和无私帮助，他们的专业知识和丰富经验对我的写作起到了至关重要的作用。此外，我还要感谢于亚蓓女士在本书编辑过程中给予的帮助，让这本书得以更加完善地呈现在读者面前。最后，我要感谢阅读本书的每一位读者，你们的阅读、反馈和建议会让我不断进步。

目　录

第二章　媒体实战

第三章　数据分析

第四章 持续精进

Chapter One

第一章
写作技巧

第一节 揭秘核心：四类文章
七个要素，看透新媒体文章的本质

在写新媒体文章之前，你需要知道新媒体文章有哪几种常见的类型，以及新媒体文章都包括哪些要素。这样你在写文章时思路才会更清晰。

一、新媒体文章的四个类型

常见的新媒体文章可分为四个类型：情感类、认知观点类、热点事件类、故事人物类。

这四类文章分别有不同的表达方式。

1. 情感类

这类文章通常带有强烈的情感，表达与人相关的某类情感道理，通过触动人心的语言、令人感动的故事以及能够引起情感共鸣的结尾来获得读者的认可。其篇幅一般不会很长，引起情感共鸣后就会收尾，段落之间的递进逻辑也不强，但会有一个升华情感的结尾。文章语言细腻，不讲过多的道理。

这类文章的创作流程一般是发现了大多数人都有的某个情感共鸣点（如遗憾、珍惜、坚强、离别、爱等），然后借助小故事展开叙述。其创作一般不需要作者有很强的思维逻辑，文章的篇幅也不用很长，甚至不必搜集太多的故事素材，只要语言能打动读者就能获得成功。

2. 认知观点类

认知观点类文章要有一个鲜明、明确、有说服力的观点作为论点，文章创作以观点为核心，进行正面或反面的说明论证。观点的范畴很广，包括人际交往、个人成长、两性关系、亲子教育等，只要观点鲜明、有说服力即可。

这类文章不需要语言多么华丽，只需要作者用有张力的语言，把观点讲述得让读者信服即可。

3. 热点事件类

新媒体的本质依旧是媒体，而媒体天然对热点事件拥有表达权。有关热点事件的文章通常能吸引读者的关注度，其阅读量、转发量等数据一般都比较高。

这类文章最明显的特征是，讨论的话题是最新发生的热点事件，文章开头乃至全文，都可以围绕热点事件进行叙述，形式可以是热点＋情感话题、热点＋观点话题，具体因热点事件的性质而定。优秀的热点事件类文章不能只讨论热点事件而没有观点的输出，那样文章的价值就会打折扣。

热点事件类文章要求作者的行文要快，从而确保文章的时效性。

以上三个文章类型可以总结为：情感类文章以情感表达为主，要求文笔细腻，能戳中人心；认知观点类文章以观点输出为主，要求观点有说服力，文章逻辑性强；热点事件类文章围绕热点事件展开讨论，要求作者输出自己的看法。

4. 故事人物类

故事人物类文章就是以故事或人物为主，讲述一段故事或某个人物的事迹，并从中得出道理。这类文章对素材的要求很高，要求素材能够支撑文章创作。

相较于以上三类文章，故事人物类文章有鲜明的风格特征。作者通过叙述故事或人物事迹，就能打动读者，而不必严肃认真、费尽周折地输出观点。所以，创作这类文章的前提条件，就是找到好的素材。

我们常看到的人物类稿件就是其中的一个类型，专门描述某个人物的一生，如古代的帝王将相、民国的才女，以及当下生活中具有感染力的人物，如共和国勋章获得者、奥运会中为祖国赢得荣誉的运动员。

以上就是几种常见的文章类型，每个人都可以根据自己的喜好、擅长的领域进行选择。情感细腻的作者写情感类文章能让读者潸然泪下，思维缜密的作者写认知观点类文章能让读者拱手信服，语言犀利的作者写热点事件类文章能一针见血，博闻强识的作者写故事人物类文章能让读者惊叹佩服。

写作基础较差的作者可以选择一种类型的文章作为主攻方向，待写作能力提升后，再向其他类型的文章拓展。真正的写作高手是可以驾驭任何一种文章类型的。

二、新媒体文章的七个要素

新媒体文章通常包含以下七个要素。

1. 合适的选题

简单来说，选题就是你要撰写的内容范围。

比如，母亲节时，我们要写关于"歌颂母爱"的选题。

要找到合适的选题，我们需要从以下两个层面来着手。

（1）从作者层面来说，合适的选题就是能满足身为作者的你当下需求的选题。注意是你，不是读者。

那么问题来了，身为作者的你当下的需求是什么，也就是你为什么想要写下手头的这篇文章？

有的人是为了投稿变现，有的人是为了锻炼自己的写作能力，有的人是为了获得更多读者的认可，等等。

每个人在不同阶段的写作，都有不同的需求。

（2）从读者层面来说，合适的选题就是能让读者好奇、能引发读者共鸣的选题。

比如，热点事件、亲情等都是我们值得思考的方向。

另外，在寻找选题时，我们要注意设置锚点。你可以先划定一个范围，比如，可以从你熟悉的领域出发。

比如，我比较熟悉"唐宋八大家"，那我就在"唐宋八大家"中寻找选题。最开始，我的目的是写一篇能让读者不断转发的高阅读量的文章。通过调查我发现，大家对于欧阳修的关注度很高，于是我就写了关于欧阳修的文章。接下来，我又写了关于苏轼、柳宗元、韩愈的文章，阅读量都不错。然而，剩下的几个人在大众心目中并没有太高的地位。

但在那个时候，我写作的目的就变了，不是写爆文了，而是想完成"唐宋八大家"所有人的文章。那么，就算曾巩、苏洵很冷门，我也会选择写关于他们的文章。

结果正如我所料，后面几篇文章的阅读量并不是很高。

然而，我完成了这个系列的作品，并做成了一个小专栏。

"唐宋八大家"这个领域就是我预先设置的一个锚点。

2. 独特且明确、贴合选题的论点

独特且明确、贴合选题而非一味标新立异的论点，是能够打动读者的关键。

我们先来了解一下什么是论点。

论点，又叫论断，是作者所持的观点。在逻辑学上，论点就是真实性需要加以证实的"判断"。

论点是整个论证过程的中心，担负着回答"论证什么"的任务，明确地表明作者赞成什么、反对什么。

在新媒体文章中，论点通常还有另外两个叫法，一个是"主题"，另一个是"观点"。为了不让大家混淆，我们就统一称之为"论点"。

比如，我们的选题范围是：论欧阳修的人品。

那我说：欧阳修是个好人。这是不是论点呢？

虽然这个论点比较宽泛，但也是个论点。

只要你的论据能够紧扣论点，那么再宽泛的论点，都可以被论证。

那我说：欧阳修是好人吗？显然这不是一个论点。

3. 合适的大纲逻辑

大部分文章都可以用两种逻辑结构写出来：是什么—

为什么—怎么办；总—分—总。

这两种逻辑的本质就是"起—承—转—合"。也就是说，用"起—承—转—合"的结构，可以写出来几乎所有类型文章的大纲。

针对不同的选题、论点，我们可以选择最有效率的大纲结构。

比如，选题是：你错了，你以为欧阳修构陷狄青，是因为北宋重文轻武？其实是……

这个选题的大纲就可以用"起—承—转—合"的结构来写。

起：元祐元年，洪水暴发。欧阳修上奏书，要弹劾狄青，发洪水是上天的惩罚，而狄青……

承：为什么上天惩罚和狄青有关系？这就要从儒家的观念和狄青的崛起说起。

转：归根结底，是不是北宋统治者和欧阳修重文轻武呢？其实并非如此，而是他们认为这样会为社会带来动荡，同时对狄青本人也没有好处，有四点原因，分别是……

合：如果站在现在的角度，这是……但是站在当时的角度……

我们再换一个论点来看一看，比如，选题是：你不懂——在欧阳修构陷狄青的背后，其实蕴含着北宋政治格局的弊端。

这个选题就可以使用"总—分—总"的结构来写大纲了。

总：元祐元年，洪水暴发。欧阳修上奏书，要弹劾狄青，结果大家一致支持……

分：弹劾狄青其实暗含着三大原因：第一，北宋的军权和来源；第二，政治格局；第三，宋朝对武将出身的官员的偏见。

总：其实，有时候我们看历史很容易只看到表面的故事，然而真正有价值的是蕴藏在背后的原因。

接下来，我们来看看用"是什么—为什么—怎么办"的结构应该怎么去写。

是什么：元祐元年，洪水暴发。欧阳修上奏书，要弹劾狄青，大水是上天的惩罚，而狄青……

为什么：为什么上天惩罚和狄青有关系？这就要从儒家的观念和狄青的崛起说起；以欧阳修为代表的儒家学者认为这样会为社会带来动荡，同时对狄青本人也没有好处。

怎么办：打压狄青……交代结果。

当然，你也可以借着古人的事情，来给现代人一些启示。比如，可以从一个问题切入。

是什么：一个复杂两难的问题，牺牲一个人，可以成就全局——狄青被构陷。

为什么：欧阳修的几点考虑……虽然暂时稳定了，但是带来了很严重的后果……导致……

怎么办：论述我们能从中得到的几点启示。

4. 吸引人的破题

在文章的开头，我们往往需要设置一些比较吸引人的话，从而抓住读者的眼球。

再拿欧阳修这个选题来说，如果从他是个文学大家这里破题，可能对读者的吸引力并不大。但是，如果你从"大名鼎鼎的欧阳修居然因为一桩通奸案上了公堂"这一点来切入，可能很多人就会产生好奇心，从而看下去。

另外，我们在开头的时候，尽量不要提出一些晦涩难懂的概念，提高文章阅读的门槛，这样会拒读者于千里之外。

5. "最佳"的素材

为什么在这里，我用了"最佳"这个绝对词呢？

因为选题和大纲都是主观的，素材是客观的。在确定选题和大纲后，你要在你的素材库里选择最能论证你的论点的素材，即"最佳"素材。如果你感觉当前你的素材还不够好，那就接着寻找素材。

这就要求我们要建立自己的素材库，随时收集对自己有启发的内容，并每隔一段时间做一次整理。

6. 调动人情绪的结尾

很多人的文章写得不错，但是到结尾的时候，就寡淡无味了。比如，写完了怎么办之后，就草草结尾。

那么，一个好的结尾有什么作用呢？

（1）带动人们的行动。

（2）引发人们的思考。

（3）让人们持续地感受到精神享受（感受到美好）。

比如，在写干货类文章时，你要在文章结尾号召读者看完文章行动起来，你可以和读者一起畅想美好的未来——也就是行动之后的样子。

7. 引人入胜的标题

在新媒体时代，标题的重要性不言而喻。

好的标题能够让一篇有价值的文章大放异彩，而不好的标题可能会让原本优质的内容得不到高的阅读量。

补充一点，标题虽然很重要，但对于一篇文章来说，标题绝对不是最关键的因素。内容创作者最需要重视的是文章的内容。如果一篇文章只是有一个好的标题，而内容一般，那它的传播也不会长久。

虽然一个好的标题对于一篇文章的重要性不言而喻，但是我也不提倡标题党的做法，即为了吸引读者眼球而对标题进行过分加工。

标题不一定在文章创作前就取好，我们可以在创作文章的过程中寻找灵感，或者在文章创作完成，对文章内容有了整体的把握之后，再概括出文章的标题。

但是，如果在文章创作前，我们就起好标题，这样就会让文章有明确的核心，在创作时我们才能围绕核心，不偏不散，不至于出现语句散乱、逻辑散乱的现象。关于起标题的具体方法，我们会在后文中给大家详细介绍。

第二节 爆款思维：学会写作第一步——找到合适的选题

我们都知道"工欲善其事，必先利其器"。在写出好文章之前，我们要先利"器"。这里的"器"指的是什么呢？其实就是两个字：选题，即文章所要表达的主题。

那选题对于我们来说有什么用呢？选题的好坏会直接影响我们的收益。

下面是两篇文章的数据截图，第一个截图是关于苏东坡的文章的数据，第二个截图是关于刘秀的文章的数据。这两篇文章都是同一个作者撰写的，且发布在同一个账号上。从图中可以看出，这两篇文章的流量和收益相差很多。

为什么选题对流量和收益的影响这么大呢？

试想一下，如果你的粉丝是国学爱好者，你讲了两个人物，一个是比较热门的苏东坡，而另一个是知名度不太高的刘秀。他们会更倾向于听你讲哪一个呢？

　　毫无疑问，大多数人会选择前者。一旦选择阅读你的文章的人多了，你的文章就会有更高的阅读量，而收益和阅读量息息相关。

　　那什么是爆款选题呢？

　　所谓爆款选题，是指那些阅读量达到 10 万的选题。

　　一般而言，我们把新媒体分为两个部分：一部分是微信公众号平台，我们俗称公众号，就是我们经常在朋友圈里看到的文章。在这个平台上，文章变现的方式就是投稿。如果你的文章能获得 10 万 + 的阅读量，基本上也就代表着平台、编辑、读者对你的认可，能够大大增加编辑向你约稿的概率。

另外一部分就是除了微信公众号平台以外的其他平台，我们将其统称为第三方平台，如百家号、今日头条、网易等，如果你在这些新媒体账号上发表文章，并能获得一定的阅读量，就能获取一定的收益。

一、爆款选题的两个特征

一般来说，爆款选题有两个必备的特征。

1．拥有明确且前后一致的观点

比如，你的选题是"嵇康的一生"。如果你仅仅描述了他一生的事迹，那么在这个选题中你就没有明确的观点，你只是一个记录者。这样的选题很难成为一个爆款选题。

你可以找一个合适的角度，提出自己的观点。比如，你可以写这样一篇文章：《嵇康：魏晋时代最后的狂士》。

另外，在刚开始学找选题的时候，你可能会走到另一个极端。那就是想要表达的观点太多了。

比如，你既想写嵇康的诗词，又想写他的家庭，还想写他的成长经历，等等。在没有规划好主线的前提下，你就很容易写得比较散，导致观点前后不一致。这样的文章也很难被平台和编辑看中。

那怎么解决这个问题呢？找到一条主线，把内容串联起来。这里我教给你一个写人物类稿件时寻找主线的万金油法则——性格决定命运。

无论你写哪个人物，几乎都可以从性格入手。比如，你写嵇康的话，就可以用嵇康的"狂"来串联他的一切。所受的教育、所处的时代和他自己理想的矛盾造就了他"狂妄"的性格，傲人的才华给了他"狂"的资本，诗文中流露出他"狂"的个性，最后的慷慨赴死赢得了人们对他"狂"的尊敬。

如此一来，观点明确，结构清晰明了。编辑和平台自然对这样的选题有所青睐。

2. 所选的内容具有话题性

比如，前文提到了关于苏东坡和刘秀的文章。对于大众来说，苏东坡自然具备更高的话题性。

二、爆款选题从哪里发掘

我们可以通过以下四个方式来发掘爆款选题。

1. 从影视剧中找到角度切入

看影视剧是人们日常生活中最常见的消遣方式之一。在影视剧网络化以后，影视剧的内容就很容易成为某个时间段的讨论热点，和影视剧相关的文章也很容易成为平台、编辑与读者关注的对象。

比如，在 2021 年 7 月前后，影视剧《觉醒年代》爆火。有书的一个账号发布了一篇文章，标题为《〈觉醒年代〉刷屏，10 句经典台词火了：一生最该看透 10 条生活真相》。

这篇文章的整体结构十分简单，就是从影视剧当中选取了 10 句脍炙人口、引人深思的句子，如其中有一句是"在这个浮躁的时代，只有自律的人，才能够脱颖而出，成就大事"，然后再结合我们的生活适当地给予解读。

虽然这篇文章的点击率比平常的文章低很多，但是因为踩中了当时火热的关键词"觉醒年代"，因此获得了 220 多万的展现量，并获得了 350 元左右的收益（见下图）。要知道，同一天在该账号发布的其他文章的展现量只有十几万。

尽管我们可以从影视剧中寻找选题，以提高文章的展现量。但我们依然要注意刚才我们强调过的：每一个选题都要有明确的观点。

2. 根据看过的书中有启发的内容进行总结归纳

除了影视剧，书籍也是我们日常生活中可以获取选题的绝佳载体。但是和影视剧不同的是，书籍相对来说比较冷门。

因此除了找到书籍中合适的点以外，我们还要让其与能引发读者好奇的问题相关联。

下面这篇文章名为《美国底层白人为什么支持朗普？〈乡下人的悲歌〉讲出了他们的绝望》，其数据如图所示。

当初特朗普赢得大选的时候，很多国人都觉得他能胜过希拉里简直不可思议。

而这篇文章的作者正是抓住了人们对特朗普赢得大选的

不解，从而引发人们的好奇，然后从这个角度切入，引出《乡下人的悲歌》这本书的内容，来阐述美国的社会结构以及底层白人的困境，从而回答了标题中的问题：为什么美国底层白人会支持特朗普。文章的整体内容和选题的立意十分贴切，从而获得了平台的认可，得到了很高的推荐量。

　　刚才举的例子是 1500 字以上的长文。其实，在第三方平台，还有一类文章比较吃香，它们的字数为 300～800字，我们通常将它们称为"微头条"。这类文章一般只需要描述很短的一段故事，甚至连标题都不用起，就能获得收益。比如，下图是一篇关于梁启超的文章的数据，虽然这篇文章只有 800 字左右，却得到了 160 多元的收益。

　　在书中寻找选题和在影视剧中寻找选题相比，不同点在于：影视剧的生命周期较短，可能影视剧播完，文章的吸引力就不大了；而从书籍中找选题，写出的文章的生命周期会比较长，但是想写好会有一定的难度。

3. 根据热点事件进行扩展

除了刚才我们说的从影视剧和书中寻找选题，我们还可以从热点事件中寻找选题。

在 2021 年东京奥运会期间，我们写了很多篇相关的文章，都获得了不错的阅读量。其中一篇文章的标题为《看了东京奥运会最催泪的 10 张照片，我顿悟什么是真正的奥运精神》，这是一篇盘点类文章。这类文章的特点是，既发人深省，能引起人们的共鸣，又容易上手，撰写起来相对简单，因此可作为新手练习新媒体文章的入门选择。

这篇文章紧跟热点，逻辑清晰、观点明确，因此在 24 小时内取得了 800 万展现量的成绩，同时也获得了 1800 多元的收益。

4. 根据爆款选题进行改编

你可以关注一些比较成熟的新媒体账号，如有书、国学一刻、洞见等账号。这些账号在新媒体领域算是头部账号，其编辑在选题方面有丰富的经验，因此在这些账号上经常出现爆款文章。当他们写出爆款文章的时候，你就可以参考他们的选题，重新找一个你擅长的角度进行撰写。

比如，有书发布过一篇标题为《他们为中国赢得207枚奥运奖牌，却无人问津：真正的强者，都是与命运抗争的高手!》的文章。这篇文章写的是在东京奥运会结束之后的残奥会中，那些身残志坚的运动员为中国赢得了207枚奖牌，却被人们忽略了。然而他们却毫不在意，认为这个世界上从来都没有不可能，敢于挑战自我本身就是一种成功。

这篇文章自然获得了10万+的阅读量。在看到这篇文章之后，你就可以从这个事件切入，深入跟踪了解东京残奥会的相关信息，然后找好切入角度，写出相关文章。

读到这里，你可能会问："我平时很少刷朋友圈，也很少看新闻，该如何找热点呢?"

三、利用工具寻找热点的四个方法

1. 从热榜上查

你可以从微博、今日头条等平台的热榜上查找热点，电脑版和手机版都可以。

2. 利用大数据查找热门关键词

你可以在易撰、新榜等文章数据网站上查找高热度的关键词，从而进一步查找话题。

以易撰为例，进入网页后，你可以点击网页左侧的"爆文分析"，选择"爆词库"和"所属领域"，然后查看相关联的文章。

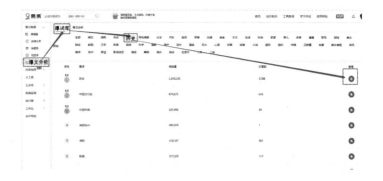

3. 关注"顶流"作者

我们依然可以使用易撰等工具。点击左侧的"排行榜"—"作者排行榜"，然后再选择你所擅长的领域，如"情感类""历史类""文化类"。你可以关注前20名作者的动态，并学习他们的写作方式。因为他们基本上是这个平台上收入最多的作者，他们的选题有很大的借鉴价值。

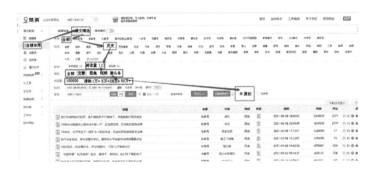

4. 跟踪"爆款文"

点击左侧"自媒体库"—"爆文精选",选择"账号类型"和"所属领域",然后按照"阅读量"排序,选择"内容类型""阅读量范围",点击"原创"按钮。即可查看 7 天以内的爆款文章。

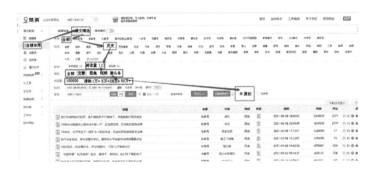

按照上面的四个方法,每天查找几分钟,相信你一定能够找到合适的选题。

四、做出爆款选题的四个关键词

我们可以通过四个关键词来了解如何做出爆款选题，分别是：明原则、定范围、找角度、看属性。

1. 明原则

好选题的判定标准有三点：原创性、普适性、价值性。

原创性代表选题的新颖程度，这里的原创是有梯队的原创程度，即一个新选题所包含的内容，有多少纯原创内容，有多少创新改进内容，有多少借鉴改编内容。

新媒体文章的选题不一定是全新的，借鉴曾出现过的成功选题，改进后塑造新的观点，对新作者来说是一条可行之路。

例如，曾有一篇很火的文章是《学会拒绝以后，我的生活好过多了》，后来有人借鉴了这个选题类型，创作出《学会"脸皮厚"以后，我的人生好过多了》。这两个话题没有重合度，而借鉴了前者后，后者也获得了很大的阅读量。

对选题进行创新改进，就是在做新选题时，可以对之前出现过的文章进行创新，站在前人肩膀上或许会取得更大的成功。

例如，曾经有一篇文章名为《人生需要"留白"》，后续有不少作者创作出《朋友之间交往需要"留白"》《婚姻关系需要"留白"》《教育孩子需要"留白"》《与父母之间的关系也需要"留白"》等优质文章。

借鉴学习是一种高效创作爆款文章的方式，但作为作者，我们仍需要努力追求选题的原创性，积极思考并提出自己独特的看法，这样才能体现自身独一无二的价值。

普适性代表选题的范围足够大，话题不小众，观点不窄，这样文章写出来后才能够获得大量读者关注，继而获得高的阅读量；而不会因为选题本身就小众，与大部分读者不相关，导致读者没有关注的意愿，最终没有人愿意阅读。

例如，在人际交往的话题下，一个选题是《被人看不起时，不必生气，用这3个方法回击》，另一个选题是《人际交往的3个潜规则，没人明说，但很重要》，这两个选题讨论的方向、表达的方式甚至标题都很相似，但前一个选题受众却少很多，对于"人际交往的潜规则"大多数人都想了解一些，而对于"被人看不起时的回击方法"想了解的人就少了很多。

价值性是指选题能够给读者带去实用的价值，读者在读完文章后有明确的收获，无论是在情绪上、认知上，还是在方法论上，能够获得满足感，而不是读完文章一无所获。

例如，对于选题《教会孩子这 10 个道理，人生少走弯路》，读者读完后会收获育儿干货，而对于选题《×××近照曝光，暴露了名人孩子的生活现状》，同样是亲子选题，但读者读完后，除了看到别人家孩子的生活，并没有实质性收获。

2. 定范围

概括来说，我们写文章通常有三种目的，分别是：练习写作、投稿变现以及发表在自己的新媒体账号上。

在练习写作方面，建议你去找一些自己擅长或者很感兴趣的选题。

比如，你擅长历史和诗词，就可以写一些诗人、词人的人物稿；你热爱电影，就可以写一些影评稿件；你读的书特别多，那就可以写一些书评。

然而，你若是为了投稿变现，那么，你就要从第二个层面去考虑。

那就是读者层面，要找到能让读者产生好奇或者能引起读者共鸣的选题。

你可以从最近发生的热点事件切入，也可以从人心中亘古不变的亲情、家庭、爱国主义等角度切入。

另外，如果你是有针对性地投稿，那么你还要考虑平台的调性。例如，有书微信公众号更需要的是"情感""阅读""心理""育儿"等方向的稿件，如果你投稿了一个名为"红烧肉最好吃的 6 种做法"的选题，基本上没有被选上的可能性。

如果你写文章的目的是发表在自己的新媒体账号上，以期待获取更多的流量和收益，那么这个时候，你就不仅要从读者层面考虑，还要从平台层面考虑。因为你要为平台带来价值，平台才会给予你更多的推荐。我们可以从以下三个角度来锁定选题。

（1）话题性。你的选题可以是一个争议很大的话题，也可以是一个热点事件，甚至可以是一则新闻。只要它能够引起大家的关注即可，相对来说，有话题性的东西更为大家所熟悉，也就是所谓的熟悉感。

（2）稀缺性。有时发生了一个热点事件，作者们都喜欢扎堆去写相关的文章。结果，有的文章收获了 10 万＋甚至 100 万＋的阅读量，而有的文章的阅读量却很少。

这是什么原因呢？是因为平台需要的内容不仅要有话题性，还要有"稀缺性"。你想一想，平台不可能无限制地推荐对同一个事件的同质化的描述。

因此，你需要找到一个对于平台而言比较稀缺的选题方向，这样就可以获得更多的推荐。

（3）擅长性。简单来说，就是你对所选的选题的熟悉程度。

举个例子，如果你对心理和育儿知识一点都不了解，这时候，出现了一个关于"养娃"的热点，特别有话题性。我相信，就算你去追这个热点，也不容易写出来一篇好的文章。

3. 找角度

如果你找到了一个你擅长的选题，可它既不满足稀缺性，又不满足话题性，这时候你应该怎么办呢？

这里为你提供一个方法——找角度，让一个相对"冷门"的选题也有流量。

在这里，我为你提供四个找角度的方法。

（1）"冷门"选题和热点的结合。举个例子，我比较喜欢的一位法国作家叫加缪。经常读书的人可能对他比较熟悉，但是普通大众对他并不熟悉。这时候你如果很想写关于加缪的文章，又想获得一定的流量，应该怎么办呢？

你可以将这个选题和一个大众熟悉的话题相结合。

比如，他的代表作之一是《鼠疫》，在 2020 年之前，很多人可能只是听说过但是没看过这本书。然而在 2020 年初，《鼠疫》这本书就火了起来。我想原因，大家都已经知道了，因为新冠疫情的到来。这本书对疫情的描写特别真实，对人们的防疫意识的提升有一定的启发性。把这本书与疫情的话题进行结合，我们就可以找到一个兼具稀缺性和话题性的选题。

（2）有深度的内容和人们关心的事情的结合。比如，你擅长写作科普类内容，如果你想写一篇关于《糖的故事》这本书的新媒体文章，但是你的粉丝并不喜欢这种科普类的文章，你应该怎么办呢？

你可以从一个大家都很关心的角度切入，并与"不吃饭吃水果可以减肥"的话题进行对比：盲目地吃水果可能会增加糖的摄入，还可能导致营养不均衡，不仅达不到减肥的目的，反而会让你变得更胖。

然后，你就可以引入《糖的故事》这本书的内容了。

（3）从熟悉的案例切入，引出不熟悉的概念。比如，你想写文章科普一个概念：机会成本。这个选题不算稀缺，话题性也不高，你应该如何切入呢？

你可以从读者熟悉的案例切入：一个人去面试，A 公司开出的工资是每个月 2800 元，B 公司开出的工资是每个月 3000 元，他最终选择了 B 公司，那么他在 B 公司上班的机会成本就是 2800 元。

这样你就引出了机会成本的概念。

（4）用热门人物带动冷门人物。有段时间，我特别想写一篇关于北宋文人钱惟演的文章。然而，我想大多数人都不知道他。这时候，我找到一个熟悉的人物来和他结合，也就是他的下属欧阳修。在历史人物方面，欧阳修的话题性相对来说就比较大了。

钱惟演和欧阳修之间有很多的典故，我选择了欧阳修"旷工"的事情作为引子。

4. 看属性

我们可以从以下五个方面来判断选题有没有成为爆款的潜力。

（1）是否揭露了人们关心的现象。即通过某些事件，发现一个人们都关心的现象，比如，你可以这样写：《安家》的大结局揭露了一个残酷的真相：你若好到毫无保留，对方就敢坏到肆无忌惮。

（2）是否和读者相关。比如，"是否可以天天吃外卖"这个选题就几乎和每个读者都相关。

（3）是否可以引发争议。在文章中提出有争议的观点往往可以引发读者的讨论，比如：3 个证据表明，吃水果不利于咳嗽的恢复。

（4）是否有名人效应。如果你的文章中有名人，那就用名人的名字作为观点主语，比如：西施并没有像传说中那样泛舟五湖，而是被沉入江底。

（5）是否给读者提供了价值。比如：喝酸奶并不能促进消化，这个知识点我竟然不知道，快点进来看。

第三节　寻找论点：
论证选题离不开它

好的论点对于文章而言有三个作用：

（1）能让读者迅速理解你的文章所要表达的主旨。

（2）能让你在写文章的过程中更加聚焦。

（3）可以作为联结点，增强你的选题的话题性与稀缺性。

一、好论点的标准

1．要鲜明，要有自己的判断

写文章的时候，特别是写新媒体文章的时候，最怕的不是文笔差，而是读者看完之后不知道你要传达什么样的论点。

什么叫有自己的判断呢？比如，"苏东坡是一个乐天派的文人"就是一个判断。

2．有正面的价值倾向

在进入了新媒体行业后，我们的角色就变成了媒体人。

作为观点的输出者，我们要对读者负责。

因此，我们要尽可能地传达正面的价值观，让读者通过阅读你的文章有所收获。

二、好论点的两个关键点

要想写出一个吸引人的论点，仅仅知道标准是不够的，还需要注意两个关键点。

1. 在陈述论点之前，一定要锚定一个作用对象

什么是作用对象？也就是你的目标读者，简单来说，就是你的文章写给谁看的。

举个简单的例子，你有了一个既定的选题"原生家庭"后，可以找到几个作用对象呢？至少可以归纳为三个。

（1）深受原生家庭伤害，却以为是自己能力不行的人。

（2）用原生家庭的爱绑架亲人的人。

（3）把一切责任都甩锅给原生家庭的人。

对于不同的作用对象，你写文章时切入的角度肯定不同，否则很可能会达不到想要的效果。

比如，你对那些把一切责任都甩锅给原生家庭的人说："你的很多行为，其实都不怪你，要怪的是你的原生家庭。"你觉得这样说合适吗？

2. 一篇文章，只需要论证一个论点即可

写文章不是写小说，在很短的篇幅里表达一个论点就已经足够了。如果你想表达两个或两个以上的论点，则很可能会让文章变得分裂，读者阅读时思维也会跟着分裂。

其实，无论是古代的文章还是现代的文章，甚至是诗词歌赋，创作的原则之一都是有且只有一个论点。

有句俗话，叫"学诗学杜甫，学文学曾巩"。

曾巩曾经说过：我读的书越多，恪守的道理就越简单。

他一直恪守着一条准则，即一篇文章要有一条逻辑严密的链条。换句话说就是：一篇文章，只要能论证清楚一个论点就够了，多余的话就不要了。

下面以他的两篇文章为例。

曾巩给欧阳修写过一封感谢信，叫《寄欧阳舍人书》，目的是感谢欧阳修为他的父亲撰写墓志铭。

整篇文章的逻辑链连接得天衣无缝：

（1）墓志铭和史书意义相同。

（2）墓志铭之所以没法流传是因为作者人品不好，因为他们经常过于吹嘘主人的功绩、隐藏主人的过失。

（3）而仅仅有好的人品也不够，只有人品和文章兼修的作者，才能写出流传千古的墓志铭。

（4）这样的人几百年才出现一次。而您正是这样的人，

遇到了您是我的幸运。

作者一气呵成地将主题表达得淋漓尽致。

我们可以尝试简单概括一下曾巩这篇文章的论点：欧阳修是一个百年难见、德才兼备的人，有他来帮自己父亲撰写墓志铭，自己不胜感激。

接下来，我们再分析他的另一篇文章《墨池记》。

这篇文章很短，主要分为四个部分，我们简单概括一下主要内容：

（1）新城之上有一个黑色的池子，想到它作者就想到了王羲之的典故：他每天临帖把池水都染黑了。

（2）于是曾巩就思考一个问题：王羲之是天生就会书法吗？应该不是吧。

（3）为什么后人没有人赶得上他？大概是因为努力程度不如他吧。王羲之都需要努力才能在书法上取得成功，像我们这样普通的做学问的人，岂不是更应该如此？

（4）我们临池而立"晋王右军墨池"六个字，以勉励后人吧！

整篇文章所有的论述都是为了表达或论证同一个观点：王羲之这样有才华的人都要刻意练习书法，我们这些做学问的普通人岂不是更要努力地修行？

如果你对古文感兴趣，不妨多翻看一些"唐宋八大家"

的文选。你会发现，他们的每一篇文章都是有且只有一个论点。

三、让论点吸引人的四个关键词

在以往的教学过程中，经常有学员问这样的问题：在写作之前，我的心里已经有了一个论点，但是却不知道如何表达才能让论点更吸引人，我该怎么做呢？

在这里我可以教给你一个小技巧，你只需要记住四个关键词：很牛，很简单，你不懂，你错了。

这四个关键词代表着四种表述维度。

（1）"很牛"所代表的维度是对比性，它的主要目的是进行知识拓展，将看似简单的东西提升到一定的高度。我拿一本畅销书《人类简史》举例子：一位名不见经传的作者的著作，让无数人类社会学家叹为观止。

前半句看似是在贬低作者，其实是为了凸显《人类简史》很牛。

（2）"很简单"所代表的维度是概括性，它的主要目的有两点：一是点明要点，使复杂概念简单化；二是提炼方法，让步骤可以落地。比如：理解人类发展史并不难，只需要了解三场人类革命即可。

"很简单"概括来说就是简化与梳理。

（3）"你不懂"所代表的维度是陌生性，它的主要目的是揭露一个与人们相关但又陌生的概念，或者抛出两个人们很难想到但能结合在一起的概念，又或者是揭露某个事情背后的真相。比如：促进人类部落繁荣的一个关键因素，居然是"八卦"？

你也可以这样表述：当人类开始学会编造谎言之后，反而促进了人类的团结与繁荣。

"你不懂"的要点就是揭露与结合。

（4）"你错了"所带表的维度是反差性。相信这一点你应该很熟悉。这个维度主要强调的就是差异与反转，比如：其实人类是通过想象编造出故事来支撑起整个人类社会的！

第四节　巧写大纲：快速找到适合的大纲逻辑，让写作灵感源源不断

当你找好了切入角度，就可以扩展文章的内容了。

那应该如何拓展呢？这就涉及我们本节要讲的内容——制定大纲。

大纲对于文章的作用，如同开启一份新工作前，先制定一套完整可行的作战策略，这份策略里有明确的目的、执行的方式，其中要素各司其职，为共同完成策略发挥各自的价值。

对于很多作者来说，写好大纲就是写好了文章的梗概，就能够在文章创作时按照大纲进行撰写，避免出现文章逻辑错乱或者文章写到一半后面不知道该怎么写的问题。

而对于很多准备投稿赚钱的作者来说，大纲是在创作前需要与平台编辑确认的重要内容。投稿方式分为两种：一种是作者直接写好一篇文章发送给编辑，这种方式因为编辑在收稿前并不知道选题，更没有确认过大纲，所以只

能根据文章内容决定是否收稿；还有一种就是编辑带着选题进行约稿，或作者先报选题给编辑，双方在选题确认阶段就有沟通，一起确认选题，一起敲定大纲，作者再依据大纲创作，这样能够极大地提高文章的过稿率。

由此可以得知，大纲对于作者的价值不仅体现在撰写文章上，大纲还是连接作者和平台编辑的桥梁。

一般来说，新媒体文章常见的大纲有三种结构，分别是：

（1）起—承—转—合。

（2）是什么—为什么—怎么办。

（3）总—分—总。

本节先为大家介绍后面两种，也是新手最容易上手的两种。我们拿《刻意练习》这本书的观点举个例子。

一、是什么—为什么—怎么办

我们先来介绍第二种大纲结构。

1. 是什么

在《刻意练习》的第 4 章中有关于"刻意练习"的定义，因为篇幅的原因，我们就不在书中引用了，大家可以自行查看。

总之，那段文字比较冗长，也不方便理解。这时，我们可以尝试把它转述成清晰易懂的语言，比如，你可以这样去叙述：什么是刻意练习？所谓刻意练习，就是有着明确的目标，在舒适区之外拥有反馈，为了提升自己的技能有意而为之的练习。

之后，我们可以根据转述过后的内容提出一个问题。比如，我们在练字的时候，为什么很多时候练习不好？因为我们是在重复我们自己的错误。

而真正的练字，并非一次次的重复，而是通过观察我们自身的一些问题，如框架结构上有什么样的问题、笔法上有什么错误，从而找到自己的弱点，如方形的"方"中，横写得不好，其他都还不错，那就把横写好。

当代欧楷大师田蕴章曾经说过，他在教学的过程中，会让自己的徒弟把"永"字临摹三个月，因为在"永"字中，基本上蕴含了所有笔画的用法。

如此，你就可以很清楚地让读者明白刻意练习的定义了。

2. 为什么

为什么有些人的训练很难成功呢？

这个时候你就可以通过回忆自身成功和失败的经历来进行分析。

比如，为什么你身边的朋友减肥很难成功呢？

因为刻意练习是一项艰巨的任务，需要长时间保持专注与坚持。很多人在跨越第一个困难时，就开始懈怠，并为自己的懈怠寻找各种理由，直到自己主动放弃。

《刻意练习》告诉我们，那些成功的减肥者都有几个特点：他们总是"成群结队"，拥有一群小伙伴，还会找到一个搭档，相互督促；他们不仅设计了运动计划，还重新制订了作息、饮食、放松等一系列计划；他们持续健身，尽管一路走来，有各式各样的诱惑可能危及他们的成功；重要的是，他们在最初都会寻找到一位导师，以助于他们以正确的方式开始训练。

3. 怎么办

最后，再从怎么办的角度进行阐述，我们可以从书中找到解决的方案。《刻意练习》这本书中抛出了一点：弱化停下脚步的理由。

人们可以采用多种方式来弱化停下脚步的理由，其中最有效的一种是留出固定的时间来练习，不受所有其他分心的事情的干扰。因为当你还有其他的事情可以做时，你总是面临一种难以抉择的状态，并且会不停地告诉自己，那件事情真的也得去做。你永远可以找到分神的理由，如果经常这么干，那你的练习就会越来越少。很快，你就会陷入死胡同。

《刻意练习》的作者在研究柏林的练小提琴的学生时发现，他们中的大多数人更喜欢早晨一起床就开始练习。他们已经制订了练习计划，那个时间是专门留给练习的，以便不受到其他任何事情的干扰。除此之外，他们还制造了一种习惯与责任的感觉，使自己不太可能受到其他事情的诱惑。参与研究的所有学生，无论是优秀的、优异的还是最杰出的，每周花在休闲活动上的时间大致相当。

但是，最杰出的学生比其他学生能够更准确地估计他们参加休闲活动的时间。这表明，他们会尽更大的努力去规划时间，帮助他们避免受到许多占用大量时间的事情的干扰，以便把更多的时间留给练习。

幸运的是，你将发现，随着时间的推移，你的身体和大脑将习惯练习和锻炼带来的"痛苦"，甚至反而能够感受到它的乐趣。

因此，坚持下去也就没那么难了。

二、总—分—总

接下来我们来介绍第三种大纲结构。

我们以"高手和普通人的真正差别，在于是否建立了心理表征"作为主题。

第一个总的部分：解释说明天才之所以优秀，并非他们拥有意志力与天赋，而在于他们拥有更好的心理表征。分的部分：分而论之，介绍为什么心理表征这么重要以及心理表征有哪几个特点。第二个总的部分：总结升华，并适当地向用户透露建立心理表征的技巧和方法。

1. 总

在总的部分，你可以用这种方式来表述：

人们往往会奇怪：为什么有些人能够如此优秀？人们想他们一定是拥有超强的意志力和天赋。

然而，《刻意练习》这本书的作者曾说过：意志力和天赋都是人们在事实发生了之后再赋予某个人的优点。

这种错误的思想还具有极强的破坏力，并形成死循环：它会让你相信你可能没有足够的意志力，从而不去坚持，也会让你相信你可能没有某个方面的天赋，甚至不愿尝试。

既然意志力与天赋并不是你与那些大师和优秀者的差别，那你们的差别究竟在哪里？

为此《刻意练习》里提出了一个概念叫"心理表征"——一种与我们的大脑正在思考的某个物体、某个观点、某些信息或者其他事物相对应的或抽象或具体的"心理结构"。

而普通人与天才的差别，就在这个概念上面——你没有建立自己的"心理表征"。

比如说，一提到蒙娜丽莎，很多人马上便会在脑海中"看到"那幅著名油画的形象；那个形象就是蒙娜丽莎在他们脑海中的心理表征。

有些人的心理表征比其他人更详尽、更准确，而且，他们还能描述关于背景的细节，比如说，描述画中的蒙娜丽莎在哪里坐着，以及她的发型和眉毛的模样。

而绘画高手可能会一下子想到临摹蒙娜丽莎所需要做的准备和临摹的步骤。

2．分

在书中，对于心理表征，作者列出了五个好处，你可以根据这五个好处分而论之，它们分别是：

（1）心理表征有助于找出规律。

（2）心理表征有助于解释信息。

（3）心理表征有助于组织信息。

（4）心理表征有助于制订计划。

（5）心理表征有助于高效学习。

3．总

在总结的部分，你可以适当地阐述或者演示心理表征建立的过程，适当地给出干货，并总结升华。

比如，你可以给出对抗惰性的方法：留出固定的时间来练习，以便不受其他事情的干扰，并由此制造出一种习惯和责任的感觉。

然后，你可以告诉大家如何制订计划。

最后，你可以加一点调动情绪的内容，呼吁大家开始行动。

记住，上述只是一个理论框架，要想写成一篇完整的稿子，还需要你适当地添加细节。

第五节　大纲进阶：掌握"起—承—转—合"，驾驭一切文字

一、大纲的意义

大纲的意义主要有以下三个。

首先，在投稿的时候，结构清晰的大纲能快速让编辑明白你的创作思路和你要表达的内容，从而节约彼此的时间。

如果有平台的编辑向你约稿，那么一个好的大纲是打动编辑的第一步。

其次，大纲能让写作新手在写作的时候不偏离主题。

很多人在写作时没有写大纲的习惯，觉得是多此一举。

其实，写大纲的过程就是你对以往吸收的知识点和搜集的素材进行串联的过程。相信很多人都知道思维导图，而一篇好的大纲就是"加强版"的思维导图。

在写完大纲后，你就可以很快发现自己有没有紧扣选题和论点。

比如，你的选题是关于亲子教育的，你的论点是：以身作则才是最好的教育。

你使用的大纲结构是"是什么—为什么—怎么办"。在"是什么""为什么"两个部分你都是围绕着论点来展开的，然而到了"怎么办"部分，你却用了某家长如何通过辅导班培养孩子的案例。

如此一来，"怎么办"部分就和论点不符了。

如果我们先写了大纲，就可以一目了然地发现这个错误；若是直接写正文，（尤其是篇幅较长时）要发现这个失误，就相对困难了。

最后，大纲能让作者根据现有的内容再次深挖，持续精进。

比如，之前我在有书上写了一篇关于谢道韫的文章。众所周知，她是个才女。

我想写的论点是：谢道韫之所以在历史上地位这么高，并不仅仅是因为她有才，还因为她有不输给大丈夫的胸襟与果敢。

我当时想到了谢安、谢玄、"咏絮"、嵇康以及她的政治抱负、勇敢、思辨等，这些都是灵感，我记录了下来，然后汇总成大纲。

如何来表现这个主题呢？我先按照"起—承—转—合"

写了一个简单的版本：

起：从"咏絮"的典故入手，指出她是才女的代表。

承：她不仅仅在诗词上有天赋，在其他方面都不输同时代的男子，如政治思维、勇敢之心。

转：然而和其他才女一样，她的婚姻也很不幸，她嫁给了一个不怎么爱的人，后来家庭突变，家道中落。但是，她却做出了一件很勇敢的事情——手刃叛贼。

合：或许因为她身为女子在历史和政治上的意义过于突出，她的诗文才华因此被掩盖了。不过历经风霜、洞穿世事的她，对这一切都不在乎了。

写完之后，我检查了一下，觉得这个大纲看起来说得通，但写起来容易跑题。因为我想要表达的主题是：谢道韫之所以在历史上地位这么高，并不仅仅是因为她有才华。然而在"转"和"合"的部分，我却将重点放在她的感情生活上了，显然是偏离主题了。

于是，我再次整合现有资料，增加了一些细节，改进成了以下的样子。

起：先以一首曹雪芹的《红楼梦》中的词《唐多令·咏絮》作为开头，这是林黛玉所作。曹雪芹由此评判她为"咏柳之才"。这个典故出自才女谢道韫身上，然而这个才女却与我们认为的不同，不仅仅具有……而且还……

如果从成长经历来看，谢道韫的确是传统意义上的才女，从小饱读诗书，在世家中长大，很小就展露出了自己的才华。

承：她的命运似乎也与很多才女相同，由于封建礼教的原因，她嫁给了自己不爱的人。大部分才女也因此而郁郁寡欢，在历史中以悲剧结局收场。

转：然而，谢道韫不同。她不仅像其他才女一样饱读诗书、富有文采，更是拥有很崇高的抱负和理想。首先，她认为文学陶冶情操固然重要，但也应该有经世致用、治国的作用；其次，她有巾帼不让须眉之勇，当敌人破城的时候，她带着家丁负隅顽抗，并且在面对威胁时呵斥敌酋，最终感动了对方，放她和家人一条生路。

合：从谢道韫的身上，我们看到的不仅仅有文人的风骨，还有令人敬佩的勇气。在那以后，谢道韫隐居会稽，独自照顾起幸存的家人的生活，闲暇时写诗著文，过着平静的隐士生活。也经常有东晋的有识之士前去拜访她。

或许，因为她身为女子在历史和政治上的意义过于突出，因此她的诗文才华被掩盖了。但是，历经风霜、洞穿世事的她对这一切都不在乎了。于是，在隐居期间，她写了《泰山吟》，表明了她的余生的心愿。

这样调整后的大纲，所使用的素材基本上跟第一个版本一致，只是开头和结尾各多引用了一首诗（词），但显然比第一个版本要紧扣论点。

如果我没有提前列出大纲，而是想到论点后就直接开始写，那可能就会跑题了。正是因为在动笔之前列了一下大纲，所以我就看出了文章结构的问题并进行了调整，从而节约了大量的修改时间。

二、大纲的结构

很多人有一个疑惑：文章类型这么多，我应该如何写大纲呢？

在上一节中我们说过，大纲的类型有三种：

（1）起—承—转—合。

（2）是什么—为什么—怎么办。

（3）总—分—总。

其中，（2）和（3）都是从（1）演变过来的。

1. 起承转合

（1）古文。

就拿上节我们说的曾巩给欧阳修写感谢信的那个例子来说，这里的选题是什么呢？就是感谢信，这点毋庸置疑。那论点是什么？感谢欧阳修这样德才兼备的人来帮自己的父亲撰写墓志铭，让他的事迹可以流传后世。

如果用"起—承—转—合"的结构的话，可以怎样来解析呢？

起：欧阳修给曾巩的父亲写墓志铭，曾巩很感激他。

承：墓志铭有什么意义？墓志铭和史书的意义相同。

转：那为什么史书留下来的很多，而墓志铭留下来的却很少呢？因为有资格写墓志铭的人，既要有特别好的品德，也要有卓绝的文笔。而这样的人难得一见。

合：而欧阳修正是这样的人，曾巩认为能够邀请欧阳修为自己的父亲撰写墓志铭是自己的幸运。

"起—承—转—合"这个结构并不是我们这个时代的人创造的，先秦的人在创作诗歌的时候就开始使用了。到了唐代，"起—承—转—合"成了写格律诗的"黄金教案"。

（2）古诗。

我最喜欢的一首诗歌出自《国风·召南·草虫》。

起：喓喓草虫，趯趯阜螽。

承：未见君子，忧心忡忡。

转：亦既见止，亦既觏止。

合：我心则降。

翻译成现代汉语就是：

起：虫子叫个不停，地里的蚱蜢也蠢蠢欲动。

承：没有见到那位君子，我满心忧愁。

转：如果我已见到他，如果我已依偎着他。

合：我不安定的心一定会安定下来。

起：一件缘起的事情。

承：解释原因，或者延伸。

转：画面转动，从内心到事实，从叙事到观点，从……到……。

合：总结升华，表达感受，号召行动，等等。

（3）律诗。

我们再来看一首熟悉的诗：《闻官军收河南河北》。

起：剑外忽传收蓟北，初闻涕泪满衣裳。

承：却看妻子愁何在，漫卷诗书喜欲狂。

转：白日放歌须纵酒，青春作伴好还乡。

合：即从巴峡穿巫峡，便下襄阳向洛阳。

我们来逐句分析一下这首诗是如何体现出"起—承—转—合"的。

起：忽然听到传来的消息，自己感动不已。杜甫用了事件（热点、话题点等）作为"起"。

承：听到这个消息的时候，我们的反应是什么样子？妻子和子女一扫愁云，我开心到草草地卷起诗书。

转：讲完了感受，内心一下子转换了场景，转换到了纵酒当歌和返乡。

合：最后一句表达了他迫不及待的心情，其中的"即""便"把迫不及待体现得淋漓尽致。

（4）散文。

散文是否可以用"起—承—转—合"这个结构呢？我们以朱自清的散文《背影》为例来进行说明。这篇散文大家都很熟悉了，此处不再引用原文了。

起：我与父亲不相见已两年有余了，我最不能忘记的是他的背影。回忆以往父亲艰难的经历，引发了事件（点出了他是一个要强的人）。

承：父亲的爱在心口难开，一直想要送我，却各种找理由，然而那时候的我却觉得他多此一举。

转：父亲对我的各种照顾，仅仅是为了表达一点小小的爱，这让我感动了。我感受到父爱的伟大。

合：虽然他待我渐渐不同往日，但他终究还是惦记着我。在读到他的信后，我再次回想起那时候的背影和深深的父爱。

（5）微信公众号文章

我们以热点事件类文章为例进行说明，其他类型的文章大同小异。

起：最近一条消息刷爆了朋友圈。

承：承上启下，这不禁引发了我们的思考，我们身边也有好多这样的现象（案例）。如果热点事件是关于某个人的，那我们的思考就可以换一下（这个人为什么这么优秀？和他同样努力的人有很多啊）。

转：原因是什么？

合：总结，让我们来一起摆脱这样的困境吧，或者说总结出什么方法来解决这个问题吧。

我在前文中说过，另外两种大纲结构都是从"起—承—转—合"这种结构演变而来的。你只要理解了"起—承—转—合"这种结构，对于另外两种大纲结构的运用就水到渠成了，在这里我再带大家复习一下。

2. 是什么—为什么—怎么办

"是什么—为什么—怎么办"的大纲结构很适合讲述实操性强的单一问题，比如，如何刻意练习、如何进行时间管理等。

是什么：可以通过一个故事点出一个道理或者某种意义。比如，爱迪生经过无数次试验才发明了电灯泡的故事可以点出一个道理，即世界上任何事情都不可能一蹴而就，刻意练习更是如此。

为什么：对你前面得到的道理进行阐释，并解释原因。其实，我们每个人的才华都是通过刻意练习来得到的，爱迪生并非天才，他只是朝着正确的方向努力。比如，他对自己有清晰的定位，自己首先是一个商人，其次才是一个发明家；每做一个发明他都有一个具体的目标，即对这个社会有价值，等等。在解释"为什么"的过程中，我们可以不用局限"是什么"当中列举的案例，也可以引用其他的案例对自己的论点进行说明。

怎么办：提出具体的方法，分而论之。

3. 总—分—总

总：通常是以一个事件作为起点，阐述一个概念或者一个在书中看到的知识点，然后提出一个问题，并给出自己的论点。

分：通过讲故事的方式，用正面的例子或者反面的例子，来论证你的论点的可靠性。当然你也可以分析你得到上面论点的原因。

总：总结，可以对论点进行升华，以号召作为结束，也可以提出解决问题的方法。

这样的大纲结构很适合用很多案例来论证一个问题的文章。

比如，大家都比较关心工作过于劳累而忽略健康情况的话题。你就可以在第一个"总"的部分，用一个热点新闻引出你的观点：千万不要因为太沉迷于工作而导致健康出现问题。在"分"的部分，你可以分别列举名人、身边的人、身体很好的年轻人都因为过于"拼命"而导致健康出现了问题；在第二个"总"的部分，你可以语重心长地跟大家强调除了工作之外我们还有其他更重要的事情去做。

三、"起—承—转—合"的大纲如何写

我们可以将"起—承—转—合"抽象化一下，总结如下。

1. 起：起因

可以是任何形式的东西：可以是一个事件，可以是一部名著，也可以是一个金句，等等。

重要的是，你能够用它点题，或者暗暗地埋下观点。

比如，我写过一篇关于柳宗元的文章。在文章刚开始的时候，我就描述了他的成就和政治理念，并点明了唐宪宗多次贬他的原因。

你也可以隐晦地点题。比如，你想要表达一个人为了自己的梦想而努力，在描述完他的一生的时候，你就可以说，早在孩童时期，梦想的种子就在他的身上隐隐发芽。

2. 承：承接

承接有很多种方法，常用的有以下四种。

（1）追忆——追忆之前发生的事情。

（2）发展——描写"起"之后发生的事情。

（3）拉远距离，扩大范围。比如，你讲了一个很残忍的历史事件，然后你说，残忍的不仅仅是这一个历史事件。

（4）拉近距离缩小范围。比如，你讲了一个离读者很远的事件（一个明星因为加班突然去世了），然后你说，我身边的×××也因为加班猝死了。

3. 转：转场

注意，这里不是"转折"，而是"转场"，也就是跳出"承"之外。"转折"仅仅是"转"的一部分。

4. 合：总结升华

表达情感、渲染美好、呼吁行动，让人意犹未尽。

按照这样的步骤梳理下来，整个文章的逻辑链条就很清晰了。

第六节 爆文法则：用好八个方法，
让文章开头有关注，结尾有共鸣

一、写好文章开头的六个方法

大家都知道，好的开始是成功的一半。唱戏的人都会用第一嗓子去亮相，能否镇得住场、吸引全场的注意力，都得靠这一嗓子。

在写文章时，我们经常说"凤头、猪肚、豹尾"，意思是起要惊艳、中要浩荡、结要响亮。

所谓惊艳，就是在文章开头用一种方式吸引住读者的眼球，让他们满怀期待与好奇地读完你的文章。

在本节中，我会教给大家几种比较常见的写文章开头的方法。

1. 热点开头

这是目前最常用的开头方式，也就是从一个热点切入，抓住读者的注意力，并在此基础上引出自己的论点。有时候，我们也可以从几个热点中提炼出共性，形成自己的观点，并将其作为开头。我们来看看具体的例子。

微信公众号"拾遗"曾发布过一篇文章，名为《大衣哥事件：相比于为富不仁，弱者相食才最可怕》。这篇文章就是直接以大衣哥朱之文家被踹大门的事件作为开头：大衣哥朱之文家的门被踹，昨天上了微博热搜。这名戴着墨镜的男子，在众人"一、二"的怂恿下，飞起一脚，踹坏了朱之文家的大门。事后，他得意扬扬地说："没事，没事，他不敢管我。"

2. 故事开头

这也是目前最常用的一种开头方式，和热点开头有异曲同工之处。但是和热点不一样的是，故事开头往往需要设置悬念，勾起读者的好奇心。另外，故事开头还需要有一个明确的观点，能够支撑整个故事的发展。我们来看看具体的例子。

微信公众号"拾遗"曾发布过一篇文章，名为《自私是最被低估的美德》。这篇文章的开头就讲了一个故事。

一个同事昨天讲了一件事：她跟同学合租了一套房子，但是这个同学经常占她的便宜。我同事刚买了一包口罩，她直接撕开就拿走了两个："我没口罩了，借我两个。"

牙膏用完了，她也不买，拿起我同事的牙膏就挤。看见我同事桌上的零食，她也不征求我同事同意，直接拿过来就撕开吃。这样的事情很多，弄得我同事很不开心，"直接说她吧，显得我斤斤计较、小家子气，但不说出来吧，心里又觉得特别憋屈。"

前几天在网上看到一句话："许多人活得别别扭扭，一个根本原因就是对自私过于羞耻，害怕不能成为别人心中的好人。"所以，今天我想讲一个话题：自私是一种最被低估的美德。

这就是典型的故事开头。

用故事作为文章的开头时要注意：要通过故事引出观点，而这个观点，需要足够新颖，与众不同，能强烈地激发读者的好奇心。

为什么自私会成为美德？你往下读的时候就是带着疑问在读，这个开头就是一个非常成功的、吸睛的开头。

一篇好的文章，一定要在开头就设置好钩子，什么样的钩子呢？"引人入胜"的钩子，"扣人心弦"的钩子。

总之，在文章开头你就要把读者的注意力抓住，如果做不到，读者就会失去兴趣，文章后面写得再好也没用。

3. 设置对比和悬念

我们来拆解微信公众号"拾遗"中写任正非的一篇文章。

任正非是个"暴君"。有多暴？

随便讲三个例子。第一个：让北大才子滚蛋。一个北京大学毕业的才子，刚进华为，踌躇满志，就公司经营战略问题洋洋洒洒写了一封万言书给任正非，本以为任总看后会热泪盈眶，谁知道他火冒三丈，提笔批复了一句话："此人如果有精神病，建议送医院治疗，如果没病，建议辞退。"

第一句话：任正非是个"暴君"。

这句话中其实就包含了戏剧冲突，充满张力，且颠覆了我们的认知，起到了对比的效果。任正非是华为的老板，华为是民族品牌的骄傲，他怎么就成了"暴君"？

这让读者对任正非产生了颠覆性的认知，这样的开头就起到了先声夺人的效果。

4. 深挖读者痛点或者引发读者共鸣

读者看文章是为了什么？

归根到底，是因为它于读者而言"有用"，要么让读者哈哈大笑，要么对读者当头棒喝，要么让读者如获至宝。也就是说，我们在文章中要深挖读者痛点，或者引发读者共鸣。

曾经有这样一篇爆款文章，叫《工作 10 年后，我被 95

年的上司炒鱿鱼了》。它的开头是这样的：

网络上有个问题是：

哪个瞬间，让你突然感觉自己开始老了？

底下有很多答案：

熬了通宵，睡了一星期都感觉没缓过来；冬天不敢吃冰棍了；夏天睡觉一定要盖被子了；一口气不能上五楼了。

但我印象最深的回答是：

突然发现，周围的同事都是95后了；他们对很多事情有独到的见解，他们的很多话题我都插不上嘴了，只能不懂装懂。

这个开头就容易引发读者的共鸣。

5. 观点开头

开门见山，直陈其事。

我们来看一篇文章，标题是《××有点对不起支持她的人》。

作者在这篇文章就亮明了自己的观点：××有点对不起支持她的人。

这样一来，支持作者的尽管来支持，反对作者的可以先听听作者的理由，然后尽管来反驳。

当然，你的论据要足以支撑你的观点，你的逻辑要无懈可击。

6. 金句开头

金句往往是文章中最吸引读者的内容，我们来看下面这篇文章，文章标题为《婚姻好不好，看细节就知道了》。

这篇文章是对名著《了不起的盖茨比》所做的解读，文章把金句放在开头，能够让人迅速产生深刻的印象，帮助读者迅速进入行文节奏，代入其中。

金句开头更适合在解读文学类、散文类作品的文章中使用。

很多作者在写文章开头的过程中，普遍存在两个问题：

第一，进入节奏太慢。

在写文章开头时，前边铺垫的内容不要太多，更不要语焉不详，说了很长时间，还没有把你要说的主题引出来。好的开头要在读者读的前一两分钟内吸引读者的注意力，最好是在300字以内。

第二，卡在开头，导致后边的行文无法推进。

开头是最难的，也不是一下子就能提炼出来的。

所以，我们完全可以先易后难，把整个文章的故事脉络都写出来，然后再去思考开头怎么写，这样就容易多了。

虽然你已经知道了写好开头的六种方法，但是对于如何持续精进，我还想给你两点忠告：

（1）要从全文中提炼出最精华、最亮眼的内容作为文章的开头。

我们千万不要像写传统文章一样，把好观点和好句子都埋在文中，铺垫到位才展示出来。因为读者没有那么多的耐心等着你去铺陈。比如，我们现在要写荆轲刺秦的文章，恐怕要将刺秦的那段内容作为开头，然后再交代前因后果。

（2）好的开头并不是一蹴而就的，我们需要养成"先完成，再完善"的写作习惯。

很多人最大的问题就是想得很完美，也能看出来别人文章的问题，但是自己落笔就是很难。完美主义倾向严重的人往往无法写出好文章。我个人的经验就是，先写出来，然后再去推敲，发现问题后再调整语序和结构。

当然，你们别误会，这个"写出来再说"是建立在你在前期将选题、大纲和搜集素材等步骤都完成得非常好的基础上。

二、写好文章结尾的两个方法

学习完如何写文章的开头，我们再来学习写文章结尾的两个方法。

结尾对于文章来说尤为重要，如果结尾写得一般，让读者感觉平平，读者就很难产生共鸣，也就很难评论和转发。

好的结尾能够用有张力的语言充分拔高观点，表达出作者的价值观，或是推动读者产生情绪共鸣。

这样的结尾能够让读者认同文章，并愿意将文章分享给亲朋好友，从而让文章更好地传播出去。

下面，我们来说一说结尾最常用也最有效果的两种写作方法，分别是：情绪渲染结尾和价值上升结尾。

1. 情绪渲染结尾

情绪渲染结尾是指文章结尾时，以激发读者情绪为目的，运用情绪类语言来营造某种情绪氛围，使读者产生高涨的情绪，并在结束阅读后仍然感到意犹未尽，进而产生点赞、分享等行为。人类的情绪点有很多，常见的包括感动、震撼、惋惜、敬佩、开心、愤怒和哀叹等。

情绪渲染结尾常用在情绪类文章中，比如，文章《30名消防人员遗体告别：山河无恙，咱们回家!》的结尾是这样的：

古人说：

"为自由开路者，不可使其困顿于荆棘，

为众人抱薪者，不可使其冻毙于风雪。"

看到那些战争不断的国家，被战火摧残的百姓，我们才明白，这个世界向来都是危机四伏。

我们所有的太平盛世、岁月静好、安居乐业，全都是人民子弟兵拼了命为我们换来的。

没有任何一个生命可以轻易牺牲，也没有任何一个生命为牺牲而存在，更不该有任何一个牺牲的英雄不被尊崇。

逆行的英雄们，致敬，走好！！！

这篇文章是为了歌颂在森林火灾中牺牲的消防员而创作的，前文叙述了事情经过，读者们无不为之潸然泪下。

在文章结尾，作者写了一段能够把读者情绪推向高潮的内容，让读者致敬英雄们的情感达到巅峰，继而点赞和转发，让更多人知晓了消防英雄们的英勇事迹。

2. 价值上升结尾

价值上升结尾是指在文章结尾时，通过拔高文章的观点，超越原有的观点陈述，从而让读者获得认知层次的提升，有些类似于我们上学写作文时的观点升华。

在新媒体文章的结尾中，升华不能是虚无缥缈的升华，必须言之有物，观点必须有价值，能落地。

价值上升结尾的另一种写作形式，就是在文章正文讲完观点以后，依据观点给出相应的方法论。观点所代表的是"我发现"，方法论就是"发现以后怎么做"。在个人成长类、亲子教育类文章中，用方法论作为结尾是很常见的方式。

价值上升结尾最常应用在观点类文章中，比如，在文章《一生中爱你最深的男人，不是爱人，不是儿子，而是……》中，正文观点是"最爱我们的男人，是我们的父亲"，作者在结尾部分对观点进行了拔高总结，给出了"多给父亲一些体谅和关心，少一些对父亲的误解，多爱自己的父亲"这样的建议。

　　也就是说，在观点类的文章中，我们可以长篇大论地论证一个新观点，但千万不要忘记在论证完观点后，告诉读者应该怎么做，这样才能让一篇文章在逻辑上是完整的。

第七节 金句创作：教你巧妙撰写引人认同、让文章锦上添花的金句

一、金句的使用要点和作用

我们经常可以在文章中看到一些金句，如"读一本好书，就是和一个高尚的人做朋友""昔日的玫瑰芳香已逝，我们拥有的是空空的名字"等。金句可以是引用他人的，也可以是自己原创的。这些句子通常能让我们耳目一新，甚至产生极大的感悟。

很多人在撰写文章的时候喜欢引用金句，但是在一篇优质的文章中，金句只算是细节的部分。如果有好的选题、大纲和素材的支撑，就算一篇文章中没有金句，也很容易能达到 70~80 分的水平。比如，朱自清的《背影》中通篇都没有什么特别精彩的句子，但是催人泪下。因为文章中的真情实感足以令人感动。

反过来说，如果你只琢磨金句，不琢磨别的东西怎么写，那么即使写出来的金句再漂亮，也会让读者觉得

是拼凑。

也就是说，金句对于文章的作用，是锦上添花，而不是雪中送炭。金句的作用主要有以下几种：

（1）开头——引发读者思考。

（2）点睛——总结上文，提炼核心观点。

（3）结尾——升华文章的核心观点，让读者感到意犹未尽。

二、金句的使用方法

那在什么情况下使用金句是比较合适的呢？一共有三种情况。

1．开头破题

这个小技巧我经常使用，因为我写抒情类的文章会比较多，用金句开头破题的方式就比较讨巧。

这里，我们需要掌握两个破题原则：

第一个原则是，金句一定要贴合你的文章的观点和逻辑，而并非开头引用的热点。

比如，你的核心观点是：互相成就是婚姻最好的保鲜剂，在开头的时候用的是某明星出轨的内容作为素材。

那么，你的金句要贴合的，就不是开头提到的某个明星，而是你的文章主题：互相成就是婚姻最好的保鲜剂。

第二个原则：金句最好蕴含着能让人一目了然的哲理，或者给主题埋下一个种子。

比如，我和有书 CEO 雷文涛先生共同创作了一篇书评，名为《那些杀不死你的，终将使你更强大》。

这篇文章主要讲述的是希特勒的故事：希特勒在上台的时候，看上去是在拯救人民，但其实他带着巨大的阴谋。

然后，我们就创作了一段金句，作为文章的开头："故事的开始，恶魔总是蛰伏在人间，在人们面临危难的时刻扮成救世主出现在众人之前，指引人们走向万丈深渊。"

你看，这样既贴合了主题，又引发了读者的深思和好奇。

然而，这样的开头却很容易误导一些初学写作的人。他们经常会陷入两个误区：

第一个误区是过多地引用金句。这样其实没有什么意义，反而会让读者产生厌烦的情绪。

第二个误区是引用的金句和主题无关。如果你的主题是：人生困难重重，我们要通过终身学习来克服。但是，你却引用了李叔同的"长亭外，古道边，芳草碧连天"，显然，这样的金句对文章的意义也不大。

因此，我们强调：金句破题，不会用不如不用。

2. 正文过渡

比如，在描写风景的时候，与其去跟读者解释风景为什么这么美，倒不如在描写完风景之后，使用金句过渡。

我多年前写过一篇随笔，有一段是这样写的：

夜已深，在风的作用下，萦绕在城市上空的雾霭早已消散得不见踪影，已经有些残缺的月儿，却散发着渐渐明亮的光芒。

地面上的灯光，也由各种零乱的颜色，转向鹅黄。洁白的月光和鹅黄的灯光，在此刻交结在一起，温柔地印到了或是深夜无法入睡若有所思，或是依然沉溺在狂欢中的人的脸庞。

回忆滚滚袭来，眼前的每一个物体所映射的情绪，都能让我想起点什么——或许是以前在哪里听过的零碎的节奏，或许是一些已经记错了的、残缺的画面，或许是一个我早已忘掉的人，又或许仅仅是某天早晨透过窗帘的第一缕阳光。

总之，有人，就有故事。有光，就有希望。

最后一句"总之，有人，就有故事。有光，就有希望"就是用金句过渡。

那么，在正文中用金句来过渡，需要注意哪几个原则呢？

原则一：用金句去总结某个案例。

比如，有个句子是：婚姻是一个庞杂的系统，情爱只占其中的一小部分。

现在，把这句话应用到两篇文章中，你来对比下哪一个更好。

文章片段1：

××和××让我看到婚姻的另一种可能：

一段婚姻的开头，也许并没有那么荡气回肠的爱恋，但我们可不可以从中经营出细水长流的爱情？

婚姻是一个庞杂的系统，情爱只占其中的一小部分。

年轻女孩儿都有一个心愿，要"嫁给爱情"，否则，漫漫人生路怎能甘心？

可是，《我的前半生》中最让人揪心的，莫过于嫁给爱情的罗子群，最后生活只剩一地鸡毛。

文章片段2：

在《知否知否应是绿肥红瘦》中，明兰嫁给二叔之时，是对他有多么深刻的爱恋吗？未必啊。

明兰是多么理智的人，她心里想的不是"若是真爱一个人，就一定要是他"，而是"与人相守几十年，终究还是要看看，最低处的那儿，能不能忍得下去"。

她对生活的规划不是"一个人心里若装着另外一个人，是什么事都能干得出来的"，而是"尽心经营、步步小心，最后才能和和睦睦"。

是什么力量让一桩原本是冷静权衡后的婚姻，滋生出甜蜜的味道？

是两个人都抱着"我来这世上一遭，本就是为了好好过日子"的信念，让明兰在婚姻中从最初的"敬"变成了"爱"。

婚姻是一个庞杂的系统，情爱只占其中的一小部分。

看完后你觉得这两个片段哪个写得更好？相信更多的读者选择的是后者。因为，只有当你把一个现象甚至案例描述出来以后，你说出来的金句别人才会信服。

再举个我自己的例子。我之前写过一篇关于《了不起的盖茨比》的书评文章，文中提到了：盖茨比为什么了不起？

如果我的结构是：

（1）金句开头，盖茨比非常厉害……

（2）只是你们没看出来……

（3）原因1是……

（4）原因 2 是……

这样就有点像找理由。但是，如果我刚开始抛出问题的时候说：

刚开始，我也不知道他为什么了不起，直到我反复回顾当时的时代背景和他的一生——那时候人们之间的感情需要金钱来维系。人们会因为你一刻的富有迅速与你靠近，也会因为你一时的落寞而迅速远离。虽然人们生活得很奢华，但都徘徊在没有方向和不确定的迷雾之中。

不过，盖茨比却一直信奉着自己的方向。从小，他就相信自己是上帝之子，注定荣耀加身。他从小就坚定地信守着上帝给予他的准则——规律地生活、保持严苛的礼仪、不断地阅读、恪守爱情、善待父母。无论贫穷还是富有，一向如此。无论是对于善待他的人，还是情敌，他的举止都彬彬有礼。

与黛西相爱后，他始终如一。他用宴会款待别人，而自己却不沉溺其中；在了解黛西的想法之前，他也不愿意破坏别人的家庭，在了解了黛西的想法之后，他开始义无反顾，驱散黛西不喜欢的一切，愿意放弃所有，同她远走高飞……甚至……甚至甘愿献出自己的荣耀和生命……

在拿时代的背景（大家都是坏人）和他的一生（恪守原则，坚守爱情）对比之后，我再引出金句，说他了不起，是不是信服力就高了很多？

渲染到位后，我再加上自己创作的金句：

他是腐烂道德土壤上永不放弃生长的鲜花；他是满是冰冷石头的峭壁上迸发出的嫩芽；他是洒满虚妄之盐的土地上挣脱而出的芳草；他是恶臭的人性沼泽里闪闪发光的金沙。

如果你换一种方法，在开头直接用金句歌颂盖茨比的了不起，那么读者的好感度肯定会有所下降。因为在读完你的文章之前，他们根本不知道盖茨比是谁。只有当你把盖茨比的经历描写完毕之后，再歌颂出淤泥而不染的人，这样才能打动读者。

原则二：读者说不出来的话，帮他们说出来；读者感受不到的人性，帮他们点出来；读者发现不了的美，帮他们指出来。

比如，我曾经给写弗兰克尔的《活出生命的意义》这本书写过一篇共读稿。书中写到了一位瘫痪年轻人的信。年轻人知道自己活不长了，即使再动一次手术也无济于事。他写道："记得以前看过一个电影，其中的男主人公勇敢而有尊严地面对死亡。我总觉得这种态度是一种非凡的成就，谢谢命运给了我同样的机会。"

我写出了一个句子，如果从传统意义上来说，它不能被称为金句，因为这个句子就是大白话，很直白、很简单，但是起到了金句的作用。这句话是："无论命运对我是否公平，我都绝不放弃对自己生命的尊重。"

当时那篇文章一共有 600 多条留言，有一半的留言就是对这句话的复述。这是一句可以作为观点的句子，也是一句呐喊，让读者产生了共鸣。

3. 结尾升华

总结式的收尾在文章中很常见。但是，我们在写作的过程中要注意，在结尾升华的时候，要脱离狭义的概念，用感性的语言将狭义的概念升华到广义的范畴。

比如，你写了一个《水浒传》中的人物"阮小七"，在总结升华的时候，就可以不只局限于他这个人，而是他所代表的侠义却不鲁莽的精神。

第八节　吸睛故事：
什么样的故事才是好故事

在谈论文章的要素时，我们提到故事具有减轻读者阅读压力的作用。当文章中充斥着难以理解的知识和道理时，读者的阅读体验可能会受到影响，读者需要集中精力、紧绷思维才能跟上作者的节奏。

读者在阅读一篇文章时，往往只需要几分钟的时间。如果他们在这段时间内无法轻松理解文章内容，就很难产生认同和共鸣。

从文章的角度来看，讲述一个富有说服力和感染力的故事是表达观点的最好方式。将故事与观点相结合，可以避免空洞无凭，做到有理有据。

对于作者而言，单纯地讲解理论会使文章显得苍白无力，并且很难在有限的篇幅内将一个鲜为人知的道理阐述清楚。而通过使用案例和讲故事的方式，作者能够更有效地表达观点，同时也能使文章内容更加丰富。

　　明确了故事对文章的重要性之后，让我们来解决一个问题：什么样的故事才是好故事？

一、好故事的四个属性

　　衡量一个故事的好坏，主要看四个属性，分别是：贴合性、真实性、信服力、感人性。我们逐个来进行讲解。

1. 贴合性

　　故事的贴合性是指故事和你想表达的观点是否贴合，你能否从故事中提炼出想要表达的道理。

　　故事的贴合性有多个维度，可以是完全贴合、很贴合、有些贴合、勉强贴合、不贴合。贴合度越高，故事就越好。我们前面讲过，观点是文章的核心，故事一定要紧紧围绕观点来叙述。如果一个故事无法支撑观点，哪怕故事再好、再有感染力，也没有价值。而当一个故事能够完美地支撑你的观点时，哪怕这个故事有些普通，但仍有其价值。

　　在寻找故事时，我们先明确要找什么样的故事，想通过故事说明什么观点，这样才能最大限度地节省找故事素材的时间。

2. 真实性

　　故事的真实性很好理解，是指故事是否基于真实事件或事实。一般来说，故事的真实性越高，其说服力和阅读体验就越好，越能让读者相信作者所讲的故事，并认同文章的观点。

故事真实性的价值还体现在对观点的支撑方面。用真实发生的事件来说明一个观点，远比编造一个虚假的故事更让读者信服。要寻找真实的故事并不难，历史事件、新闻事件、公众人物的故事，以及读者熟知的真实案例，都是能够给读者带来真实感受的故事来源。

与之相对应的是，不具备真实性但却能给读者真实感受的虚构故事同样具有很大的利用价值。例如，电影、电视剧中的情节，小说中的故事，或者基于现实生活编写的故事，虽然并不一定是真实发生过的，但只要具备说服力，能让读者产生真实的感受，也可以作为故事素材。例如，在一个名为"六神磊磊读金庸"的微信公众号的多篇文章中，作者都用金庸小说中的故事阐述某个观点，读者同样愿意相信，原因在于他们对小说中的故事有认同感。

在真实性方面，最冒险的做法就是作者编造一个身边人的故事。一旦这个故事编得不好，就会让读者觉得虚假而不合逻辑，进而对文章产生负面影响。

3. 信服力

故事的信服力是指所采用的故事素材有说服力，情节有起伏，结局有升华，能体现出明显的道理。读者在读到故事时，虽然没有被明确告知，却能主动感受到作者的观点，这就是故事的信服力。

例如，每当有些国家社会环境不稳定，威胁到中国侨胞的生命安全时，中国政府都会进行震撼人心的撤侨活动。每当政府采取这样的行动时，都能深深感动每个中国人。在撤侨活动中，每个人都能感受到国家力量的强大。如果你要写一篇关于中国强大的观点类文章，采用撤侨的案例作为故事素材，就会具有很强的信服力。

我们在看到有信服力的故事时，即使当时没有选题，也可以先保存下来，方便以后使用。当然，你也可以围绕故事创作出一个选题。

4. 感人性

故事的感人性是指故事能够触动读者的情感和内心，让他们产生共鸣和情感连接。一个好的故事应该能够让读者在情感上得到触动，让他们感受到故事中所蕴含的情感力量。故事的感人性越强，对读者的情感触动就越大，越能够让读者深刻地感受到故事所传达的情感和价值。

感人性是大多数情感类故事必备的属性，也是其他类型的故事有必要具备的属性。新媒体文章的受众是"人"，作者通过写文章来研究"人"，而故事具备感人性，能够让读者更容易找到情感共鸣。

以上就是一个好故事需要具备的四种属性，参照属性进行寻找，我们就能更高效地找到适合文章的故事。

二、高效叙述故事的三种方式

了解了好故事的属性，我们来学习如何叙述故事。

找到故事以后，你需要在文章中合适的位置，用合适的方式把它们叙述出来，最常见的叙述方式有三种，我将其总结为：单一型、配合型和通篇型。

1．单一型

第一种是单一型叙述方式，是指一篇文章分为几个部分，根据每个部分要表达的不同的观点为其搭配不同的故事。

这种叙述方式能够丰富文章的内容，使小观点与案例一一对应，从而有力地论证大观点。

例如，我们要写一篇名为《做人，别讨好任何人》的文章，我们可以将这个主题分为三个部分："讨好别人的坏处""别人终究靠不住""做人要始终靠自己"，并为每个部分找到一个匹配的故事。这样，每个故事都能够说明每个部分的道理，从而形成有力的论证。

需要注意的是，在写作时应该注意故事的篇幅，特别是在写作短资讯时。无论我们选择怎样的故事，都应该将其压缩到一段内讲完。这样做不仅保证了整篇文章段落的均衡，也提高了段落内的素材密度，让读者能够在有限的时间内获得更多相关信息并快速认可文章所表达的观点。

2. 配合型

第二种是配合型叙述方式。同样是在文章的不同部分中搭配不同的故事，但与单一型叙述方式不同的是，每个部分可能包含两个或更多的故事，但一般不会超过四个。

使用配合型叙述方式主要是为了解决以下三个问题：

（1）观点过大，一个故事无法支撑。

（2）故事太小，仅用一个故事不足以说明问题。

（3）文章过于生硬或像堆砌。

在写作热点类选题时，我们经常会遇到一个热点新闻很具有刺激性（如某些恶性事件）的情况，这些事件在短时间内会引起广泛关注。然而，仅凭深挖新闻，我们可能很难提炼出有价值的观点。我们的写作目的是为了表达观点，而不是单纯地追逐热点事件。此时，如果还想写这个新闻，就需要将新闻缩小，将观点放大，概括出一个足够覆盖新闻事件的观点，才能确定选题。这时，仅通过一个单一的新闻引出观点是不够的，需要在讲述完一个新闻后，再讲述另一个故事，两个故事一起引出大的观点。

写文章时，我们有时会遇到故事过于简短的情况，可能三两句话、三两百字就把故事讲完了，这远远不够。无论是在文章的开头还是文中，我们都需要用足够的素材来证明观点。如果素材不足，我们可以补充一个故事，两个故事相互搭配，共同阐述观点。两个故事的篇幅比例可以根据它们与观点的贴合程度进行调整。

在创作观点类文章时，如果选题的观点不够突出，文章段落没有出彩的部分，叙述语言平淡无奇，再使用单一型的故事叙述方式，就很容易出现"故事堆砌"的问题。

而采用配合型叙述方式可以让文章在形式上"变化多样"，使文章叙述节奏有波动，不会过于呆板。

3. 通篇型

第三种是通篇型叙述方式，即在一篇文章中，通篇或者大部分篇幅只讲述一个故事。这种叙述方式的使用场景较特殊，有一定难度。

首先，通篇型叙述方式主要适用于一些比较宏大的选题，如社会民生、人物、微故事以及时间推进型选题。这些选题需要展现完整的情节和故事背景，以便读者更好地理解和接受文章的观点。

其次，通篇型叙述方式对故事本身的要求较高。这种

083

故事通常具有较大的篇幅，包含了读者能够接受的道理和跌宕起伏的情节。故事发展过程充满了意外和冲突，而且每个转折都能说明不同的道理。只有当读者读到故事的结尾时，才能真正理解文章想要表达的大观点。

此外，通篇型叙述方式要求作者具有较强的逻辑思维能力，能够把控文章的节奏。在撰写这种文章时，作者需要将整个故事作为一个有机整体来考虑，合理安排情节的展开和转折，使文章具有连贯性和吸引力。

以上就是叙述故事最常见的三种方式，也是作者们经常使用的技巧，简单、高效，让读者更能接受，同样也是收稿编辑最认可的方式。

三、让故事打动读者的四个叙述法则

学习完好故事的属性和故事的叙述方式，接下来我们将探讨如何利用四个经典法则来写出打动读者的好故事。

这四个法则分别是中心法则、代入法则、反衬法则和精准法则。我会通过解释概念和举例的方式，帮助大家更好地理解这些法则。

1. 中心法则

中心法则是指在写故事时，要以文章的观点为中心展开叙述。在叙述过程中，要保持专注和集中，不偏离主题，不分散读者的注意力。每个情节、每段表述甚至每句话的提炼，都要以论证观点为宗旨。

好的故事应该是为观点而生的，一切都应围绕观点进行叙述。这也就意味着，我们需要有取有舍，对于能够说明观点的情节和描述要加以保留和放大，而对于与观点无关的内容，即使再吸引人，也应该从故事中删除。

有些作者在拿到一个好素材时，可能会认为所有的情节都可以为文章所用，这种想法是不正确的。我们确实需要利用一些好的素材来丰富文章的内容，但只需要选取其中对文章有价值的部分。

例如，在写一篇关于"父亲的爱永远都沉默"的文章时，我们需要围绕这个核心观点来展开叙述。如果作者找到了一段故事，故事中父亲的爱不仅沉默，还具备了伟大、坚强、隐忍、被误会也不辩解的特征，那么在写作时就需要考虑这些特征是否与文章的观点相符合。如果存在干扰，即使故事再感人，也需要只保留与"沉默"有关的情节，其他情节则可以舍弃。

2. 代入法则

代入法则是指在讲述故事时，要善于运用代入性的语言，让读者能够身临其境地感受到故事中的情境和情感。

通过这种方式，读者能够更加深入地理解故事情节和人物形象，从而更深刻地感知作者要传达的观点和情感。

在运用代入法则时，我们需要从读者的角度出发，用生动、形象的语言描述故事中的情节和人物形象，让读者能够产生情感共鸣。同时，我们还可以通过与读者自身经历的结合，让读者意识到故事中所描述的事件和情感与自己的生活息息相关，从而更加深入地理解故事的意义和价值。

例如，我曾写过一篇名为《永远不要低估人性的恶》的文章，文章中写了一个故事，通过一位渔村女人的遭遇揭示了人性的丑恶。

然而，读者可能只是单纯地读完了这个故事，并没有切身感受到与自己有关。于是，在故事后面，我写了这么一段话："这个世界上，总有一些人嫉妒缠心，他们不顾伦理道德，只会用最大的恶意，去对待那些过得比自己好的人，虚伪的朋友如此，身边的坏亲戚更是如此。"这段话衔接上面的故事，也用代入性的语言，让读者想起自己的虚伪朋友和坏亲戚。

3. 反衬法则

反衬法则也可以被称为冲突法则，是通过将两个相反或不相似的事物放在一起，或者将不合常理的故事放在一起，形成冲突，以此表达观点，增强故事的可读性。

反衬法则的运用方式可以是多种多样的。例如，可以通过两个不同的语言段落、两个不同的故事、一个故事的两个情节来形成反衬。只要能起到反衬作用，故事就讲成功了。

我曾写过一篇关于母爱的文章，其中讲述了我的亲身经历。在这个故事中，我把父亲接来北京游玩，玩了几天后带他去医院治疗旧伤。因为没有在网上挂到号，所以我们早起赶到医院，但仍然没有挂上号。于是我偷偷溜进科室，但还是被医生赶了出来。此时我变得非常烦躁，开始在医院的长廊里抱怨父亲为什么不早说要看病。父亲像个犯了大错的孩子一样低头不敢说话。就在此时，远在老家的年迈的奶奶打来了电话。奶奶没有问我们去了哪里玩，也没有问我们吃了什么美食。她一接通电话就问父亲是否去了北京的大医院看病。如果没有看上，她表示等自己退休后就会带父亲去看。

那一瞬间，我潸然泪下，又无地自容。在奶奶对父亲的爱面前，我自以为对父亲的深深的爱卑微得不值一提。

4. 精准法则

精准法则是指在叙述故事时，对于角色的言行举止、情感以及细微的场景描绘等细节，要精准而贴切地表达。

通过运用精准法则，我们可以让故事更加真实、生动，并且能够更好地表现出故事的情节张力和情感共鸣。

比如，在经典的孔乙己的故事中，鲁迅先生精准地描绘了孔乙己的外貌、行为和性格特点，通过一系列的细节描写，让读者深刻地感受到他的穷困潦倒和迂腐可笑。这些细节描写不仅没有冗长、烦琐的感觉，反而让读者对孔乙己的形象记忆深刻。

好了，以上就是叙述故事情节的四个经典法则。牢记这几个法则，在写故事的过程中，你就能够围绕核心观点搭建情节，用有张力的语言写出精彩的故事。

第九节 素材积累：如何建立自己的素材库，轻松实现下笔成章

故事是文章的核心，我们的选题和观点都是围绕故事去提炼和发散的。但是，选题和观点可以在日常生活中找到，故事却不是那么容易找到的。因此，高效写作的关键之一就是积累故事。

那故事的积累从哪来呢？

故事可以来自个人的经历、观察和思考，也可以从过去的文章中获取。然而，仅仅依赖记忆是不够的。为了永久保存故事并能够在需要时快速找到它，使用文档工具建立系统的素材库是最佳选择。因此，素材库是我们故事积累的"小金库"。

拥有了强大的素材库，当热点出现时，我们就不再需要花费大量时间寻找相关素材，从而错失抓住热点的机会。通过在素材库中积累各种类型的素材，当热点来临时，我们就可以迅速思考并确定选题，轻松地找到适合的故事，

抢占创作先机，提高文章成为爆款的概率。接下来我们就来看看我们的"小金库"需要什么类型的素材。

一、常见的六种故事素材类型

了解了积累故事素材的重要性后，我们需要学习故事素材的分类。不同类型的素材有不同的价值、作用和效果。

常见的故事素材可以概括为六类，分别是真实名人故事、名著名剧故事、普通人的真实故事、普通著剧故事、身边的故事、编写的故事。我们接下来逐个进行讲解。

1. 真实名人故事

真实名人故事是指广为人知的、发生在各界名人身上的真实故事。这些名人由于自身的影响力，能够为大众树立榜样，使读者产生强烈的信服感。例如，我们可以讲述民国大师梁启超的故事。梁启超在教育子女方面非常成功，同时他本人也具有很高的社会影响力。借助他的故事来阐述亲子教育的观点，读者会更加愿意接受和认可。

此外，我们还可以从世界历史中寻找名人的故事，如中国历史上的大儒王阳明、曾国藩等人的生平故事。读者对这些历史人物原本就怀有崇敬之情，因此这些故事能够为文章增色不少。同样，近代和当代的名人故事也具有很高的价值。我们熟知的明星身上发生的正能量的故事也可以作为素材。然而，使用这些素材时，我们应尽量选择那些具有信服力的明星，避免使用年龄较小、作品不多的流量明星的故事。

2. 名著名剧故事

名著名剧故事不一定是真实的，它们可能出现在广为人知的书籍、纪录片、影视剧等作品中，如名著《红楼梦》中的故事素材、经典电影《肖申克的救赎》中的故事素材。这些名著或名剧已经取得成功，更能获得读者的信任。当使用这类故事时，我们更能说明观点和传递信息。这类故事应该怎么用呢？

名著名剧故事的情节会很长，我们只需截取其中需要的部分，然后紧扣文章的观点，把它们叙述出来即可，不需要长篇大论地介绍整个故事。

例如，我们想要借助电视剧《请回答1988》中的某个情节探讨"遗憾"这个话题，就可以这样表述："在电视剧《请回答1988》中，有这么一个情节……"就可以了，不需要详细介绍电视剧本身，更不需要铺垫前面的情节。因为对于著名的影视剧，大多数读者是知道的，我们只需写出最想要的那部分内容就足够了。

3. 普通人的真实故事

普通人的真实故事是指那些真实发生过、具有感染力的故事，这些故事的主角是普通人，他们或许不为大众所熟知，但他们的故事却在繁忙的生活中每天都在上演。这些故事中总会有一些撼动人心的故事素材，虽然故事的主角不是名人，但这些故事本身就能产生共情，激发读者的阅读兴趣。

例如，在台风天里，一位司机大哥不顾生命安全，坚守在货车上保护货物；在饭店中，一个业务员陪客户喝酒，大醉后向妻子道歉；在郑州的暴雨中，有人不顾生命危险挺身而出救人；在深夜加班后，一位白领因逆行被交警处罚而情绪崩溃。这些都是真实发生过的一个个普通人的故事，也是非常感染人的故事。这些故事的主角都是平凡人，发生在他们身上的故事更能让读者感同身受，因此故事本身也就更有力量和价值。

4. 普通著剧故事

普通著剧故事是指那些并不是非常著名的图书、影视剧，以及综艺节目、纪录片、演讲视频等载体中的故事。这些故事的载体虽然不够著名，但它们仍然存在于文学作品中，具有一定的说服力，并且数量足够丰富，因此也可以成为文章中常见的素材。

例如，作家大冰的系列图书虽然很多人听说过，但并不是所有人都阅读过。书中的许多故事对于撰写情感类文章非常有帮助。我曾撰写过一篇关于"人生中有些再见是再也不见"的文章，其中就借助了大冰书中"老张和佳佳"的虐心爱情故事。读者看完后表示非常感动，这充分证明了普通著剧故事的价值和影响力。

此外，每年综艺节目《向往的生活》播出时，都会发生很多有趣的故事。许多作者会借助节目中的故事来撰写文章，这也是一个非常好的选择。

5．身边的故事

身边的故事是指那些发生在作者身边、具有感染力且能让作者感同身受的故事。这类故事并不多见，但它们的优点在于能够引发作者的情感共鸣，使作者在写作时能够准确地表达出同样的感受。因此，我们应该善于观察身边的人、事、物，因为文章大多来源于生活。

有些作者在写文章时会选择叙述自己的家人、父母、同学和朋友的故事。以第一人称叙述的方式，可以让读者感受到故事的真实和亲切。我在写文章时，常会讲述发生在自己身边的故事。比如，在写"学历很重要"的话题时，我将自己考研成功的朋友的故事写进了文章；在写"人品很重要"的话题时，我将读书时有次坐火车逃票，被母亲责罚的故事写进了文章；在写"爱情中的遗憾时"的话题时，我将一位好朋友离开女友、外出闯荡后非常后悔的故事写进了文章。这些都是发生在身边的故事，真实、真切，并且能够引发读者的情感共鸣。

6. 编写的故事

编写的故事指的是作者为了契合文章而虚构出来的故事。这类故事具有较大的随意性，作者可以根据需要自由发挥，只要编写得令人信服，就能成为一种简单、高效的方式。

我们经常可以在文章中看到作者编写的故事。这些故事往往以"我有一个朋友……"或"我的一个亲戚……"为开头。虽然这种固定的开头格式在过去被广泛使用，但随着读者鉴赏能力的提高，这种开头方式已经逐渐被淘汰。不过，这也为作者提供了更大的创作空间，使他们可以按照自己的想法来编写故事。这些故事可以是基于网络上的信息，可以是听别人讲述的，甚至可以是直接讲述自己的亲身经历。

编写故事对作者的思维能力是一种锻炼，因为他们必须依靠自己的想象来创作。这倒逼着作者去用心思考，耐心叙述。如果你想刻意锻炼自己的写作水平，推荐你通过编写故事来提升想象力。也许下一篇爆款文章就出自你的笔下。

在前文中,我们讲了文章中常见的六种故事类型。按照不同的类型进行分类,我们可以更清晰地理解故事的本质,了解它们的来源和价值。此外,在积累故事素材时,明确的分类有助于我们更有效地筛选和整理这些素材。

除此之外,我们还可以根据选题方向对故事进行分类。常见的选题方向包括认知、文化、生活、情感、亲子、婚姻、女性、情商、国学等。按照选题方向分类是一种非常高效的方式,可以帮助我们在做好选题后迅速找到需要的素材。当然,大家也可以根据自己的习惯和喜好进行分类。

二、积累优质故事素材的五个方法

介绍完故事的分类,我们再来学习如何积累故事素材,如何在浩如烟海的故事中,找到自己想要的故事素材,并把它们收录在自己的素材库中。

收集故事并不难,关键是我们是否掌握了好方法,是否具备敏锐的观察力和判断力。当发现某个故事素材时,我们应该能够快速判断其是否可以为己所用,是否具有用在文章中的价值,然后及时收录在我们的素材库中。"拿来主义"有时也是我们快速积累故事素材的一种方式。

积累故事的时机也分为两种情况：一是在我们写文章之前，另一种则是在我们平时浏览故事时。无论哪种情况，我们都会通过以下五种途径，即：通过网络搜集、通过读书搜集、通过观看影视剧搜集、通过身边人搜集、通过征集故事搜集。

1. 通过网络搜集

通过网络搜集，就是在网络上借助工具搜索自己想要的故事。不同的网络平台对故事的叙述方式不同。比如，百度百科能系统地描述故事梗概，而门户网站的媒体平台则能展示故事细节。

想要寻找某个问题下的故事，你可以在知乎上进行搜索；想要知道某话题下的多个案例故事，你可以去微博上搜索；想要知道大家对某个故事的看法，你可以去搜狗微信上搜索。你可以在不同的平台上全面搜集，总能找到你想要的故事。

以下是常用的网站和网址，我给大家整理了出来。

（1）搜狗微信，微信公众号文章搜索平台：https://weixin.sogou.com/。

（2）知乎，在某个话题下网友讲述自己故事的平台：https://www.zhihu.com/。

（3）豆瓣，年轻人分享人生的故事平台：https://

www. douban. com/。

（4）微博，搜索热点新闻事件的平台：https://weibo. com/。

（5）中国知网，学术观点与大数据查询网站：https://www. cnki. net/。

（6）典籍导航，中国古代典籍内容的垂直网站：http://www. 505dh. com/。

（7）句子控，短文案金句网站：https://www. juzikong. com/。

2. 通过读书搜集

通过读书来搜集故事素材的方式很简单，只需要阅读故事类书籍或小说即可。

例如，有一些新媒体从业者专门以撰写书评类文章为主，他们所写的文章涉及经典古籍、明清历史、民国往事等多个领域。还有一些新媒体从业者专门研究"四大名著"等经典作品，他们所写的文章大多是对书中故事的解读。这些文章的主要素材都来自于大量的阅读和对书中故事的积累。

广泛阅读书籍可以为我们提供丰富的故事素材。在写不同类型的文章时，由于已经有大量书籍中的故事积累，所以我们可以随意选取需要的素材。在读书时我们无须抱有特定目的，而在写作时我们可以有针对性地运用读书所获得的素材。读书与写作是相辅相成的。

3. 通过观看影视剧搜集

观看影视剧也是一种轻松的故事搜集方式。通过观看电影、电视剧、访谈节目、纪录片、综艺节目等，我们可以在放松身心的同时收集到各种故事素材。

不过，观看影视剧的方式看似轻松，实则需要一定的技巧。在观看的过程中，我们需要时刻留意发生的故事情节，尤其是那些具有启发性和感染力的好故事，一定要及时记录下来以备后用。

讲述影视剧作品中的故事时，我们可以采用叙述式的表达方式，结合情节来配图，从而让故事更加生动和丰富。

每当有热门电影、电视剧播出时，以影视剧作为选题，写其中的故事往往会成为新媒体文章的热潮。例如，在《战狼2》《我不是药神》《你好，李焕英》等具有现象级影响力的影视剧作品中，故事情节丰富多彩，引人入胜。

4. 通过身边人搜集

在搜集故事时，我们常常忽略了身边人的故事的重要性，误以为身边人的故事数量有限，缺乏价值。这是一种片面的看法。文章的观点来源于生活，而与我们生活最接近的就是我们身边的人。

我曾写过一个关于"坚强的抗癌家庭"的选题，最初我仅从网络上搜集故事。但在写作过程中，一位同事告诉我他的家庭就是抗癌家庭，并且已经经历了数年的抗癌历程。我采访了他，发现他的经历与文章观点非常契合，并且通过他的讲述，我有了切身的感受。当文章发表后，读者们纷纷表示，他们感触最深的就是我的同事的故事，在面对生老病死时，大家都是平凡而坚强的普通人。

文章所写的正是我们的生活，是写给读者看的。而读者也同样是普通人，与我们身边的人并无太大差别。因此，我们应该更加重视身边人的故事，因为他们的经历和感受最能触动我们的内心，也最能引起读者的共鸣。

5. 通过征集故事搜集

征集故事是当你需要某个类型的故事，却又难以找到合适的素材时，最适合采用的方法。一个人的知识储备总是有限的，因此向亲朋好友征集故事是一种非常实用的技巧。我曾经尝试过这种方法，屡试不爽。

在某年高考放榜季，我接到了一个关于"输了高考不代表输了人生"的选题。然而，在提交稿件之前，我发现缺少一个非常典型的"经历过考试失利，但后来人生获得成功的民国人物的故事"。我尝试在各种平台和资料中搜索，却始终没有找到合适的素材。

交稿在即，无奈之下，我在朋友圈发布了一条征集信息，希望有了解这类故事的朋友能够提供帮助，并承诺会发送一个小红包表示感谢。令人惊喜的是，短短几分钟内，留言区就出现了许多答案，其中包括臧克家、沈从文、梁漱溟、巴金、张允和等人物的故事。最终，我选择了巴金的故事作为素材，向提供帮助的朋友发送了红包，并顺利提交了稿件，文章最终成功发表。

通过向亲朋好友征集故事，我们能够获得出人意料的成果。毛主席曾说过，我们要相信人民群众的力量。这句话同样适用于我们搜集故事素材的过程。

以上就是搜集故事素材的五种常见方法。在系统地学习了这些方法之后，我们还应该养成随时积累素材的好习惯。你可以随时将素材记录在便签上、手机里，或者直接输入到素材库中。这样，别人的素材就能够成为你的宝贵资源。

积累素材虽然是一个漫长的过程，但这个过程并不难。只要我们在生活中多加留意，积累在素材库中的故事就会越来越多。当你的故事储备达到一定规模时，你的写作能力也会随之提升。

第十节　吸睛标题：12 个起标题的方法，让人有打开文章的欲望

在前文中，我们学习了文章的内容应该怎么撰写，本节我们回到文章开头，来学习如何给文章取标题。一个好的标题能抓住读者的注意力，从而让文章在众多作品中脱颖而出。

在讲到新媒体文章的七个要素时，我们了解了标题对于文章的重要性。无论在哪个平台、哪种渠道，标题都是决定文章阅读量的关键因素。一个引人入胜的标题往往能引发读者的好奇心，促使他们点击进入文章。

在本节中，我们将深入探讨好的文章标题应该具备的属性。然后，我们将学习高效取标题的方法，学会打造引人入胜的爆款标题。

一、好标题的四个属性

对于任何看似复杂的事物，深入探究其底层逻辑都是

理解其本质的关键。为文章取标题也不例外。无论是传统的图文文章、流行的社交媒体平台如小红书上的笔记，还是日益流行的短视频文案，一个好的标题都是吸引读者注意力的关键。而一个好的标题通常都具备四个属性，分别是：信息传递性、人群相关性、价值表达性、需求获取性。

1. 信息传递性

信息传递性是指标题必须传达某种信息。作为媒介，新媒体连接着内容和读者，标题中必须包含某种信息以传达给读者。这种信息不一定是全新的新闻或观点，但一定要超出读者的认知范围。

信息传递性最强的标题类型是热点事件类标题。因为热点事件一般是刚发生的，知道的人不多。例如，在《郑州特大暴雨，1000万人受灾：灾难面前，我看见中国人最厉害的模样！》《苏炳添百米9.83秒冲进决赛，打破亚洲纪录：其实，我们都欠刘翔一句道歉！》这两个标题中，"郑州暴雨"和"苏炳添跑进决赛"就是新的信息。

除了传递新信息，传达某种道理、知识、观点也是一种信息传递。例如，在《一个人顶级的能力，就是"反脆弱"》中，"反脆弱"就是一种新的观点。

判定一个标题是否有信息传递性，要看大多数读者是否已经知道这个信息。如果大多数读者已经知道这个信息，那么这个标题就没有传递的价值了。例如，《你的身材里藏着你的自律》这个标题表达了一个老观点，就没有传递信息的价值了。

2. 人群相关性

人群相关性是指标题要有明确的读者群体，并展现与该群体密切相关的内容。虽然标题中不一定需要明确指出具体的读者群体，但应该与该群体的特征和习惯紧密结合，以吸引他们的注意力。

通过明确读者群体的特征和习惯，可以让读者一眼就看出文章与自己有关，从而产生点击的欲望。例如，《层次越高的女人，越干净》和《男人顶级的修养：穷不责亲，富不嫌妻，难不坑友》这两个标题，就明确了"女人"和"男人"这两个读者群体。

在标题中，间接指出读者群体也是可行的。例如，《再好的婚姻，也要懂得"反内耗"》和《没有规矩的家庭，比贫穷更可怕》这两个标题，就贴合了"已婚"和"家长"这两个读者群体的需求。

取标题时最忌讳随意性。如果标题无法让读者明白文章的主题和作者想要表达的内容，或者不知道该标题是针对哪些人群的，那么最终可能会导致无人点击，数据惨淡。

3. 价值表达性

价值表达性是指标题中应该包含对某种价值观点的表达。无论是直接陈述、问答形式还是反问句，都应该让读者通过标题了解文章将传达一些有价值的观点或信息。只有具备这样的属性，才能吸引读者的注意并唤起他们的预期。如果标题看起来缺乏实际意义或价值，则很可能会使读者对文章的内容产生负面印象，甚至拒绝阅读。

为了吸引读者的兴趣和满足他们的分享需求，我们也可以在标题中直接表达某种观点或态度。例如，《跑步，是治愈一切的良药》和《人一生最高级的自律：少管闲事》这两个标题就带有明显的观点，这会引发读者的认同和共鸣，并愿意和他人分享这些文章。

还有一类标题可能没有直接表达观点，但它们通过暗示或预示的方式让读者知道文章将包含有价值的内容。例如，《人生最关键的 3 个时刻，决定了你一生的命运》和《人到了一定年纪，别跟儿女走得太近》这两个标题，暗示了文章将涵盖对人生重要方面的深入探讨，这会激发读者的好奇心并促使他们点击阅读。

4. 需求获取性

需求获取性是指标题能够触发读者的某种需求，激发他们想要打开文章并满足这种需求的欲望。一个好的标题不仅要有悬念，还要关注读者的关注点，只有这样才能真正引起读者的兴趣。如果读者对这个话题并不关心，那么即使悬念再强，也会让读者感到无关紧要，无法产生点击的欲望。

如果读者本身就关注某个话题，而标题中不仅涵盖了这个关注点，还设置了悬念，那么读者的好奇心就会受到极大的激发，例如《星巴克一组偷拍照流出，戳穿了多少人：远离你身边的这类"穷人"》这个标题就具有明显的需求获取性，读者会非常想通过点击标题来寻找与自己有关的信息。

以上就是一个好标题需要具备的四个属性，不同属性对应不同类型的标题，而标题具备的属性越多、越明显，就越有希望成为爆款标题。

二、爆款标题的 12 个模板

了解了好标题的四个属性，我们就可以根据这些属性来评估一个标题的好坏。

在分析了近万篇文章标题后，我总结出爆款标题的 12 个模板，分别是：热点类标题、观点类标题、情感共鸣类标题、痛点类标题、悬念类标题、借流量类标题、借数字类标题、解惑揭示类标题、价值获得类标题、疑问问答类标题、预示警示类标题、震撼类标题。

1. 热点类标题

如果文章是关于热点话题的讨论，或者借热点事件来表达观点，那么我们就可以将热点事件本身作为标题。热点类标题能够吸引读者的注意力，使文章更有可能获得高阅读量。

热点类标题的句式可以分为几类：常见的一类是"热点 + 观点"句式，如《〈你好，李焕英〉热映，戳中无数人的软肋：来日方长，才是人生最大的骗局》；还有一类是"热点 + 悬念"句式，如《广州 2 月离婚预约爆满：关于婚姻里的四个真相，越早知道越好》《甘肃马拉松 21 人遇难，死者最后一条朋友圈曝光：原来，一切本可避免》；还有一类标题是直接以热点事件本身为主题，如《高考后，张桂梅最新视频流出："我送走 150 名学生，没有一个人跟我告别！"》等。

2. 观点类标题

观点类标题是指直接在标题中表达观点，借助观点本身吸引读者的阅读兴趣。观点类标题因为直白、不绕弯，且足够让读者感受到自身的价值，所以有观点类标题的文章成为读者最愿意分享的一类文章。

根据文章内容和使用场景的不同，观点类标题有不同的表达句式。比如，判定式标题《真正厉害的女人，早把人生调成了"静音模式"》《一个人的顶级自律：断舍离》等，自证式标题《改变自己是神，改变别人是神经病》《原来，这就是"癌症性格"》等。

3. 情感共鸣类标题

情感共鸣类标题是情感类文章中常见的标题形式，旨在戳中人们的某个情感敏感点，引发读者共鸣，满足他们的阅读需求。情感共鸣类标题可以是表达某种情绪，如《讨厌一个人，用不着翻脸》《人到中年，最怕爱的人变成一张照片》；也可以是指出某种情怀，如《南墙我撞了，故事我忘了》《我不是最好的，但你再也遇不到了》。由于话题比较个人化，所以这类标题可能会略显矫情，但这并不影响文章的传播。

4. 痛点类标题

痛点类标题最显著的特点就是能够准确地戳中一个痛点，即直接击中人们的某种需求、某种难以言喻的问题，或者某个非常关心的话题。这就需要作者像产品经理一样敏锐地察觉到读者的痛点。

通常来说，痛点类标题会针对一个明确的目标人群，通过借用他们的特征或问题来取标题，如《是什么维系着婚姻，又是什么导致婚姻破裂?》和《"女儿，我为什么一定要彩礼?"妈妈的这番话，刷爆了朋友圈》等。

另外，还有一些痛点类标题会针对一个广泛的受众群体，通过引发他们的共鸣或关注来吸引阅读，例如《一张触目惊心的截图，别再熬夜了：你的命，不是自己的!》和《你那么穷，就是因为太闲了!》等。

5. 悬念类标题

悬念类标题非常巧妙，通过在标题中设置悬念，吸引读者的好奇心，激发他们的阅读欲望。

在设置悬念时，我们可以根据文章内容采取不同的方式。例如，新奇观点类悬念标题《要想看清一个人，就和他吃顿饭》《真正长久的婚姻，女人都很会"算计"》等，通过提出新奇的观点或见解来吸引读者。另外一种方式是使用疑问句式标题，如《什么是"自律"? 就是将这两件事做到极致》《疫情结束后，你最想做什么? 我选8，你呢?》等，通过提出问题，引发读者的思考和好奇心。

6. 借流量类标题

借流量类标题是指在标题中借助能够引起关注的人或

事物，吸引读者的注意力，引导他们阅读文章。通过借助某些人或事物的流量效应，可以增加文章的可读性和吸引力。

在借流量类标题中，最常见的是借助名人的影响力来吸引读者。例如，《李玫瑾：自信的孩子，都来自什么样的家庭》《莫言：如何对待不喜欢你的人》《白岩松：毁掉一个人的最好方式，是让他追求完美》等标题，借助李玫瑾、莫言、白岩松等名人的知名度，吸引读者点击阅读。

此外，借助一些知名的机构也是一种有效方式。例如，《哈佛大学推荐：让自己变幸福的 20 件小事》《〈人民日报〉：教育好自己的孩子，是你最重要的事业》等标题，借助哈佛大学、《人民日报》等机构的知名度，提高文章的吸引力。

需要注意的是，借流量类标题虽然可以增加文章的曝光量和可读性，但要注意不要过分依赖名人或机构的知名度，而忽略了文章本身的质量和价值。同时，也要确保所引用的名人或机构的内容与文章内容相关联，避免误导读者或让读者产生不必要的误解。

7. 借数字类标题

借助数字取标题的方式有三个优点：

一是，数字能够清晰、明确地表达文章的主题或关键点，让读者一眼就抓住文章的核心内容。二是，数字在标题中具有较大的吸引力，能够引起读者的注意，让他们更愿意进一步了解文章的内容。三是，当文章是盘点类内容时，数字能够准确地表达出文章的核心，让读者快速了解文章的主要观点。

当需要表达事件的重要性时，通常会用大的数字，如《一人隐瞒病情，4000人被隔离：不守规则的背后，都是血泪代价》《何炅手术后3小时复出，却遭10000条恶评辱骂》；而当文章是盘点类内容时，小数字标题更为贴切，如《内心强大的人，都有这5个好习惯》《关系再好，也不要透露自己这3个秘密》。

8. 解惑揭示类标题

解惑揭示类标题通常以疑问句或陈述句的形式呈现，能够引发读者的好奇心和求知欲。

在选择解惑揭示类标题时，首先要确保文章内容具有解惑的作用，能够真正为读者解决问题或满足他们的求知需求。如果内容与读者预期不符，则会让读者失望，影响他们对文章的评价和信任度。

常见的解惑揭示类标题多与读者的生活息息相关，如《为什么要坚持运动？这是我见过最好的答案》《相由心生，原来是真的》；也有吸引读者关注的社会性话题，如

《12年了！那个"千里背疯娘上大学"的孝子，现在怎么样了》《神舟十二号3名宇航员家世背景曝光，原来这才是他们厉害的真相》等。这些标题能够引发读者的关注和讨论，促进文章的传播和分享。

9. 价值获得类标题

价值获得类标题适用于提供实际价值或干货的文章，旨在给读者带来实质性的收获或帮助。这种类型的标题通常会明确指出读者可以获得的价值或好处，例如《孟非给女人的5句话，句句都是人生硬道理》和《让人心情变好的6个习惯》。

当文章内容较为隐晦或深入时，标题也可以采用较为间接的表达方式。例如，《如果你有女儿，一定要告诉她如何择偶》和《5个顶级思维，你一定要知道》等标题，通过提出建议或引起读者的好奇心，引导读者深入阅读文章内容，以了解更多关于特定主题或问题的信息。

10. 疑问问答类标题

疑问问答类标题可以有效吸引读者注意力，它们通过提出一个与文章主题相关的问题来引发读者的好奇心，并激发他们的阅读兴趣。

有问无答的标题通过提出一个问题，让读者产生好奇心和探究心理，从而吸引他们继续阅读文章，如《李子柒官宣当老板、70 岁奶奶的马甲线刷屏：不被定义的人生，到底有多爽?》《早起 1 小时和熬夜 1 小时，差距究竟有多大?》。

有问有答的句式则通过在标题中提出问题并给出答案的方式，直接引导读者了解文章的内容，如《什么才是真正的好丈夫? 7 分钟短片让无数男人沉默》《为了 300 元，连命都不要了? 成年人的体面，都是钱给的》。

11. 预示警示类标题

预示警示类标题是一种具有特定意图和目标的标题，其通过提前预警或警示的方式吸引读者的注意力，以达到宣传、警醒或引导读者的目的。

顾名思义，预示类标题通常会表达某件事即将发生或某个趋势即将出现，如《纵欲，正在一步步毁掉你的人生》《教育部：再不练字，孩子将无缘上大学!》。

而警示类标题则通常表达某个问题或危机已经来临，需要读者引起重视或立即采取行动，如《澳大利亚大火、美国流感、东非蝗灾：有一个危机，终于爆发了!》《中国的生存法则变了，你再不懂就晚了》。

需要注意的是，预示警示类标题具有一定的煽动性，不应该滥用。标题的撰写应该基于真实的情况，不应该夸大其词或制造恐慌。同时，在使用这类标题时应该注意读者的反应和反馈，以避免过度刺激或误导读者。

12. 震撼类标题

震撼类标题通常以事件带来的震撼性作为核心，通过描述事件的震撼形式来吸引读者的关注。在撰写震撼类标题时，需要注意实事求是，不可以过分夸大。

当事件本身具有震撼性时，事件本身就可以作为标题。例如，《30名消防人员遗体告别：山河无恙，咱们回家!》和《全球确诊破150万，中国紧急撤侨：希望你牢记，最危难的时刻，是谁保护了你》这些标题通过描述事件的震撼性，直接传达了文章的核心信息。

当事件信息过多，无法简单描述时，我们可以对标题进行适当的文学加工。例如，《比毒品更可怕的是，这种"垃圾"正榨干4亿年轻人》这个标题通过简练的文字和情感表达，突出了事件的重要性和影响，吸引了读者的关注。

以上就是爆款标题的12个模板，你可以根据文章类型和内容，选取不同的标题。

Chapter Two

第二章
媒体实战

第一节　如何在微头条上写一篇
能带来收益的短文章

从本章开始，我们将一起探索如何在新媒体图文平台上撰写不同类型的文章。在本节中，我们来了解一下如何在微头条上写一篇能带来收益的短文章。

微头条是什么？你可以把它想象成其他创作平台上分享个人感悟的朋友圈。为了方便讲解，我们将其称为微头条。

最初，微头条确实扮演了朋友圈的角色，作者们在这里分享自己的感悟和心情。然而，一些有眼光的作者发现，如果他们能够把微头条写得吸引人，就能吸引大量读者关注。于是，他们开始将"朋友圈"与个人风格相结合，创作出许多引人入胜的"短平快"的内容。同时，平台方面也意识到了微头条的价值，于是微头条作为一种独特的文体正式进入新媒体创作领域。

自此，许多作者通过撰写微头条获得了丰厚的收益。

本节内容分为三个部分：

（1）什么类型的微头条能够吸引更多的读者？

（2）微头条的四个必备要素。

（3）五步写出一篇吸引人的微头条。

一、什么类型的微头条能够吸引更多的读者

1. 话题型微头条

所谓话题型微头条，是指能够引起读者议论和讨论的微头条。

我们可以通过在各个平台上查找热点的形式来搜集话题型微头条的素材，然后把这些素材进行整理和加工。要注意的是，整理和加工的内容要符合事实，如果内容过于夸张，与现实不符，则很可能会遭到平台的限流。

例如，《暴雨中的正能量》这篇文章就是话题型微头条。

2. 效用型微头条

微头条的转发量是评判其质量的重要标准之一。如果读者觉得你的内容有价值，他们就会愿意转发，从而帮助你增加粉丝和提高影响力。

要写出吸引人的微头条，你需要提供对读者有价值的

内容。这可能需要你提供专业知识或独特见解，或是一些实用的方法，帮助读者解决他们的问题或满足他们的需求。

例如，你掌握了一些烹饪技巧或健康饮食的知识，你就可以发布一些实用的微头条，分享一些行之有效的食谱或健康饮食建议。这些内容可能会引起读者的兴趣和关注，并促使他们分享给其他人。

另外，从书中归纳总结的一些方法，如阅读技巧、写作技巧、沟通交流技巧等，也可以发布在微头条上。这些都属于有用的知识型微头条，会得到需要这些知识的读者的转发和分享。

例如，《手机是如何夺走我们时间的?》这篇文章就是效用型微头条。

3. 故事型微头条

故事型微头条是一种非常受欢迎的写作形式，因为人们总是喜欢听故事，尤其是那些能够触动他们情感的故事。在撰写故事型微头条时，我们应该注意以下几点：

首先，我们应该选择正能量的、暖心的故事来写。尽量避免涉及负面内容，如出轨、婆媳矛盾等。这些内容可能会引起读者的不满或反感，不利于微头条的传播。

其次，我们应该尽量不编造故事。这样既能够吸引读者，也能够增加微头条的可信度和价值。

例如，历史领域的作者可以写一些历史名人的故事，情感领域的作者可以写一些情侣之间从吵架到和好的故事，并且引申出情侣间沟通交流的方法。当然，亲情、友情以及人物的故事也可以成为微头条的素材。

最后，我们还要留意文章、书籍或生活中的小故事，并把它们记录到自己的便签中，然后定期进行查阅，用自己的表达方式重新输出一个让人印象深刻的小故事。这样的小故事可以成为微头条的绝佳素材，让我们的写作更加丰富和有趣。

二、微头条的四个必备要素

一般而言，一篇好的微头条要有四个必备的要素：

（1）要有明确的主题，以防故事过于发散。

（2）要有吸引人的开头。在开头的部分，通过激发兴趣、制造悬念等让故事有张力。

（3）适当提供细节。如果细节太少，故事会显得不够生动；如果细节太多，故事会显得拖沓、冗长。

（4）要有明确的价值观，整个故事要能够给读者带来启迪。

我的一个学员曾经按照以上四个要素修改了自己的一篇微头条，我们来对比一下。

　　这篇微头条的主角是张桂梅校长，作者想通过故事来歌颂张桂梅校长的精神。

　　我们先来看看修改前的稿件。

　　在 46 年前，一位爽朗、活泼的东北姑娘张桂梅和丈夫一起来到了云南支边当老师。她被孩子们亲切地称为"张妈妈"。幸福的支教生活并没有持续很长时间，2002 年，她的丈夫因为癌症不幸离开了。伤心不已的张桂梅向校长申请要去丽江华坪县教学。

　　可来到丽江华坪县教学之后，她发现有的孩子上着上着就不来了。好奇的张桂梅前去各家各户了解后才知道，原来这边有些人还有重男轻女的思想。也正是因为这样，女孩们经常不能好好地学习自己喜欢的东西。

　　知道结果的张桂梅很伤心，难道孩子们只能这样了吗？她们长大以后只能面对大山，围着灶台和丈夫，永远也看不到外面的世界吗？

　　张桂梅深知，只有改变这种现状，孩子们才会看到希望！可怎么改变呢？

　　她心想：一个女孩的改变，可以给后人带来巨大的改变，我要想办法扭转这样的局面。只有这样，她们才能获得新生！那就去办一所免费的女子学校。

　　丈夫离开之后，张桂梅开始追逐自己的梦想。在这个过程中，很多人不理解，甚至去批评她。

可张桂梅不理会这些，因为她知道，自从下定决心的那一刻，自己要面对的东西有很多。

只要孩子们过得比她好，再累都是值得的，这是张桂梅的心愿。

在独自闯荡的岁月里，她也有过太多的泪水和遗憾。

有一次，熟睡中的张桂梅突然梦见了姐姐，姐姐在不停地找什么东西，她就问姐姐，说："姐，你在找什么啊？"姐姐回答说："我在找一个住的地方。"张桂梅突然间惊醒，赶紧往家里打电话，这才知道姐姐去世了。也许是姐姐舍不得她，给她托了一个梦。

没见到姐姐最后一面，这成了她永远的遗憾。白天她总是带着笑容，见到谁都是笑呵呵的，可一到了晚上，她的眼泪总是不停地往下流。

为了大山里的孩子们，她付出了一生的心血。为了给孩子们省钱，她生病时只能吃点止疼片，受伤时只能贴点药膏。她说："为了学校，我值了！"

亚里士多德曾说过："教育的根是苦的，但是它的果实是甜美的。"

我们来逐条分析。

首先，我问过这位作者，她想通过张桂梅校长的"付出"与"遗憾"、"学校"与"亲人"之间的对比，来烘托张桂梅校长舍小家为大家的精神。但是，我相信大家看完上面的文章后，能感受到张桂梅校长为女校付出的努力，却没有办法感受到作者想表达的主题。这样一来，整篇微头条的主题就不够聚焦。

其次，它的开头很平常，只是按部就班地讲了一个故事。

再次，文中有过多的会抹杀主题的不重要的细节，如梦见姐姐的那个片段就有拼凑的嫌疑。

最后，上面的文章虽然点出了作者想要表达的价值观，但是最后一句收尾的时候，却又跑偏了，跑到了教育本身上了，而不是烘托张桂梅校长的精神。

我们再来看看修改过后的版本。

有一次，熟睡中的张桂梅突然梦见了姐姐，姐姐在不停地找什么东西，她就问姐姐，说："姐，你在找什么啊？"姐姐回答说："我在找一个住的地方。"张桂梅突然间惊醒，赶紧往家里打电话，这才知道姐姐去世了。

当她问外甥女怎么不通知她时，外甥女反问："给你打电话有用吗？"张桂梅无言以对，这件事成了她永远的遗憾。尽管如此，她依然没有为24年来为"女子学校"的付出感到后悔。

24 年前，她向校长申请远赴丽江华坪县教学。

原本她是因为丈夫故去而想远离那个令她伤感的大理。可是华坪县的孩子引发了她的好奇，因为经常有学生在她的课堂上"失踪"。

她前去了解后才知道，原来在贫苦的华坪县仍有人有重男轻女的思想，女孩很难得到良好的教育。她们没读到中学就开始挣钱补贴家用，到了适婚年龄，就仓促嫁人。

难道这里的孩子们只能这样了吗？只能面对大山，围着灶台和丈夫，永远看不到外面的世界吗？

张桂梅突然想起了和丈夫一起当教师时的梦想。张桂梅深知，只有改变教育现状，孩子们才会看到希望！

可现实如此残酷，她能怎么办呢？她灵机一动："那就去办一所免费的女子学校！"于是她带着和丈夫共同的梦想上路。她的这个决定令很多人不解，很多亲朋好友找到她晓以利害。

然而在下定决心的时候，她就明白自己要失去什么。她不仅仅失去了健康，还把自己的时光都奉献给了那片土地，就连她最亲的姐姐去世时，都未能见上一面……

后来在一次采访中她说了一句话："这一辈子，我最遗憾的是对不起我的亲人。"接着她擦了擦眼睛说："我真的好想他们！"

然而，为了让孩子们走出大山，她别无选择。于是她把自己难以释怀的愿望，寄托给了她教育的孩子们，她总是教孩子从小学会感恩。

"只要孩子们过得比我好，再累，都是值得的。"

亚里士多德曾说过："教育的根是苦的，但是它的果实是甜美的。"张桂梅嚼碎了苦涩的根，把甜美的果实留给了孩子。她为了省钱，生病时只吃点止疼片，受伤时只贴点药膏。

或许，多年前的决定，会让她带着"遗憾"逐渐老去，但是她从未后悔过。她说："为了孩子，我值了！"

改完之后的版本好了很多。

首先，整篇文章都围绕着主题：在自己的"遗憾"和孩子的"遗憾"中，她选择了把遗憾留给自己。

其次，适当调整细节，把张桂梅校长姐姐去世的内容前置，让我们和张桂梅校长感同身受。

最后，在价值观的层面，体现出张桂梅校长舍小家为大家，是普通人难以企及的榜样。

而修改后的文章也取得了很好的成绩，仅仅数百字，就拿到了近 300 元的稿酬。

三、 五步写出一篇吸引人的微头条

我们只要通过以下五个步骤就可以写出一篇吸引人的

微头条。

1. 找到好的选题

好的选题可以是某个人身上的某种精神，如张桂梅校长舍小家为大家的精神；也可以是一个颠覆读者认知的事件，如大奸臣秦桧的曾孙居然是抗金英雄；还可以是解决我们生活中的某个问题，如快速阅读的三个技巧。

2. 写一个吸引人的开头

你可以从一个细节入手，比如，前文举例的微头条就是通过张桂梅从梦中醒来这个事件，引出她因为对孩子的付出而对亲人的亏欠。

你也可以从一个突发事件入手，比如：入境38天后才确诊，抗疫的大挑战再次开启。

你也可以抛出一个引发人们好奇的问题，比如：为什么大陆人都称呼台湾是"宝岛台湾"？

需要注意的是，在开头中我们一定要引出想要表达的主题。

3. 开始撰写正文

在撰写故事和人物类稿件时，正文部分通常采用起因、经过、结果的叙事结构。我们以张桂梅的稿件为例。

起因：张桂梅因丈夫去世而心碎，她决定逃离那个充满悲伤的地方。这时，她听说了华坪县的一个教育机构需要教师，于是她勇敢地踏上了前往华坪县的旅程。

经过：在华坪县，张桂梅发现很多女孩子因为家庭困难而辍学，这让她回想起与丈夫共同的教育梦想。她深感必须改变这种现状，决心引领这些女孩走出大山，追求更好的未来。为了实现这个目标，她付出了巨大的心血和努力。

结果：在张桂梅的坚持和付出下，这些女孩得以重返校园，并最终走出了大山。她的努力得到了美好的回应，孩子们的成长和成功成为对她无私奉献的最好回报。

4. 结尾升华

在张桂梅的案例中，作者在结尾写道，亚里士多德曾说过："教育的根是苦的，但是它的果实是甜美的。"张桂梅嚼碎了苦涩的根，把甜美的果实留给了孩子。纵然带着遗憾，但她此生无悔。这个结尾一下子就升华了张桂梅的思想境界。

5. 修改和优化

好文章是改出来的，这一点尤其适用于微头条。在写作微头条时，有两个方面需要特别注意。首先，要注意控制无关紧要的细节的数量。如果细节过多，可能会导致读者无法读完你的微头条，进而影响其展现量。其次，微头条开头的几十个字一定要反复推敲。因为微头条在各个平台上发布时，内容会被折叠，所以开头的几十个字是吸引读者继续阅读的关键。

在完成微头条的写作后，我们可以在结尾处适当地引导读者发表评论。例如："对于张桂梅这种因使命而付出一切的精神，你怎么看？欢迎在留言区分享你的看法。"这样的引导可以激发读者的讨论热情，同时也能提高微头条的互动性和热度。

四、练习撰写微头条的三个方法

在这里，我再给大家提供三个练习写作微头条的方法。

1. 仿爆款

所谓仿爆款，是指我们要去学习爆款微头条的结构和句式，深入探究其受人欢迎的原因，以及众多评论的由来。这样，当我们有合适的话题想要表达时，便可以借鉴这些爆款微头条的结构和句式。然而，这里我们要着重强调一点，那就是避免与其他稿件雷同。

一旦我们的作品被发现抄袭，或者与他人的作品存在大范围的雷同，那将对我们的账号产生致命的打击。

2. 积素材

要创作出吸引人的微头条，我们需要巧妙地运用故事来吸引读者。为此，我们需要在平时多下功夫，记录下接触的真人真事，以及在文章中收集的经典故事，这些将成为我们微头条的重要素材。但要注意的是，目前微头条读者只能看到三行内容，因此我们需要在这三行内容中充分展现故事的吸引力，以吸引读者的眼球。也就是说，我们需要将故事中最吸引人的内容放在前三行，让读者产生点进去阅读的欲望。同时，我们还要注意控制故事的节奏，将故事的高潮部分巧妙地安排在后面，以保持读者的兴趣和好奇心。通过这种方式，我们才能让读者有点进去读下去的欲望，从而提升微头条的阅读量和互动性。

3. 造话题

在微头条的创作中，除了好的结构和吸引人的故事外，与读者的互动也是至关重要的一环。为了提升微头条的互动性和热度，我们需要在文章结尾处巧妙地制造一个话题，以引发读者的评论和讨论。

例如，我们可以在微头条的结尾处提出一个问题或观点，并邀请读者进行回答或讨论。比如："大家觉得某某的说法对吗？你身边有这样的人吗？"这样的问句可以引导读者思考并发表自己的看法，从而增加微头条的互动性和热度。

通过这种方式，我们可以与读者建立更好的联系，让他们感受到我们的微头条是真实而有趣的，并且激发他们的评论和分享欲望。

第二节 如何在微头条上 写一个好故事

在第一章中，我们提到了新媒体文章的四个类型，分别是：情感类、认知观点类、热点事件类、故事人物类。

其中，故事人物类的文章容易上手，是没有写作基础的人必学的文章类型。只要掌握好讲故事的套路，哪怕是新手也能写出一篇流畅的文章。

在本节中，我们会学习如何在微头条上写一个好故事。

我将分三个部分来为你讲解：

（1）为什么有的故事让人读不下去？

（2）"靶心人公式"助你轻松写出好故事。

（3）灵活应用模板，让你的故事不再千篇一律。

一、为什么有的故事让人读不下去

其实，关于如何写一个故事，我们在中小学的作文课上早已经学过了。然而，当我们阅读别人写的故事时，有时却发现读不下去。那么，是什么原因导致了这种情况呢？

一般来说，主要有以下三个原因：

（1）故事写得像流水账，平铺直叙，没有重点。

（2）没有和读者建立情感联系，没有引起读者的好奇心，也没有激发读者内心的共鸣。

（3）写了太多不重要的细节，而忽略了重要的细节。

克里斯·安德森在《演讲的力量》中曾经通过两个版本的故事来论证，同一个故事用不同的方式讲述可以产生不同的效果。第一个版本如下。

在我8岁那年，我和父亲外出捕鲭鱼时被困在暴风雨中，那时我从父亲身上学到了什么是信任。在暴风雨来临之前，我们没有捕到一条鱼。父亲知道我们的小船即将沉没，因为那是一条"土星"牌充气船，这种船一般来说都非常结实，但那条船曾经在暴风雨中受损，父亲猜想这有可能还会发生。总之，暴风雨太猛烈，已经超过充气船的承受能力，船开始漏水。于是，父亲向海岸警卫队求助。不像现在，他们那时每天24小时提供服务。他告诉他们我们的位置，然后，为了避免被困水下的危险，他给我穿上救生衣，把我推到水中，接着他自己也跳了下去。之后，我们就等着海岸警卫队队员的到来。当然，15分钟后直升机就出现了——我想那是一架西科斯基 MH-60 猎鹰飞机——我们最终安然无恙。

这个版本的故事就显得十分糟糕。

首先，它过早地揭露了父亲的意图，而抹杀了读者对故事结局的期待，并有很强的说教成分。整个故事更像是一份流水账，缺乏情节的起伏和吸引力。详细描述了每一件事情，却无法引发读者的共鸣和情感投入。

其次，故事没有充分描写孩子的真实体验，这使得读者难以产生情感共鸣和代入感。如果无法让读者感受到孩子的情绪，他们就难以对故事产生兴趣和共鸣。

最后，故事中存在太多不必要的细节，导致故事显得冗长且无趣。这是许多作者常犯的错误。我们经常会将一些对自己来说十分重要的细节插入故事中，尤其是当我们亲身经历某些事情时。然而，这些与读者无关的细节往往不会引发他们的共鸣和兴趣。

那什么样的故事才算是好故事呢？克里斯·安德森给出了第二个版本。

在我 8 岁的时候，有一次，父亲带我去捕鱼，当时我们乘坐着一条小船。当暴风雨来临的时候，我们距离海岸有 5 英里远。父亲给我穿上救生衣，在我耳边悄悄说："孩子，你相信我吗？"我点了点头。他把我推下水。我不是在开玩笑，他真的就那样把我推了下去！我落入水中，很快便浮出水面，但仍然感觉呼吸困难。海水刺骨的冷，海浪汹涌，太可怕了。然后……父亲紧跟着我跳入水中。我们惊恐地看着我们的小船翻转沉没，但父亲自始至终都紧紧抱着我，告诉我不会有事的。15 分钟后，海岸警卫队的直升机来了。后来我才明白，父亲因为知道我们的小船已损坏，即将沉没，便向海岸警卫队求救，并告诉了他们我们的确切位置。他想，与其冒着船翻沉后被困的风险，不如把我抛到开阔的海面上。就这样，我懂得了'信任'一词的真正含义。

优化过的这个版本的故事，比第一个版本的故事好得不是一星半点。

首先，故事中的说教成分被巧妙地隐藏在了情节之中，直到最后才揭示出"我懂得了'信任'一词的真正含义"这一主题。这种安排使得整个故事充满了戏剧性和张力，让读者在阅读过程中始终保持高度的警觉和期待。

其次，故事中贯穿着孩子的感受和情感体验，从一开始的恐惧和紧张，到被父亲陪伴时的安心和踏实，再到救援队赶来时的惊讶和感激，以及雨过天晴后的安慰和释然。这些情绪的描绘和铺陈恰到好处，使得读者能够深入地感受到孩子的内心世界，从而更深刻地理解"信任"这一主题。

最后，这个版本删除了许多与主题无关的细节，如船的结实程度和品牌等，而增加了一些非常能打动人的细节，如父亲问孩子"你相信我吗?"这一句。这句台词既是故事中的重要转折点，也是对"信任"主题的深入挖掘和呼应，使得故事更加紧凑有力，给读者留下了深刻的印象。

二、"靶心人公式"助你轻松写出好故事

我特别推崇台湾著名小说家及编剧许荣哲老师提出的"靶心人公式"。

许荣哲老师认为，一个好的故事需要具备七个要素，换而言之，就是在写故事之前你要问自己七个问题。

第一个问题：主人公的"目标"是什么?当然他的目标可能会随着时间的推移而变化。

第二个问题：他遇到的"阻碍"是什么?

第三个问题：他如何"努力"?

第四个问题："结果"如何?

第五个问题：如果结果不理想，代表努力无效，那么，有超越努力的"意外"可以改变这一切吗?

第六个问题：当意外发生时，情节会如何"转弯"?

第七个问题：最后的"结局"是什么?

把上面的七个问题简化之后，我们就可以得到写好故

事的步骤：

1. 目标→ 2. 阻碍→ 3. 努力→ 4. 结果→ 5. 意外→ 6. 转弯→ 7. 结局。

比如，他拿了一个我们很熟悉的故事《海的女儿》举了例子。

这个故事的主人公是小美人鱼，我们来分析一下这个故事是如何体现"靶心人公式"的。

1. 目标

一天，王子遇到了海难，小美人鱼救了王子，并对王子一见钟情。从此，她的愿望就是想要跟王子永远地在一起。这就是小美人鱼的目标。

2. 阻碍

她遇到的阻碍是没有和人一样的双脚，只有一条鱼的尾巴。于是，她非常想要一双人类的脚。

3. 努力

为了拥有人类的脚，小美人选择去找巫婆帮忙。

但巫婆对她说："你必须用自己身上最好的东西也就是'嗓音'作为交换。"同时巫婆告诉小美人鱼，一旦她没和王子结婚，她就会变成泡沫死去。

"如果是这样，你还愿意用嗓音交换双脚吗？"

小美人鱼回答："我愿意。"之后，巫婆便施展了魔法，让小美人鱼拥有了双脚，却变成了哑巴。

4．结果

于是，拥有了双脚的小美人鱼走上岸，跟王子度过了一段短暂的快乐时光。

5．意外

可是悲剧很快就到来了。有一天王子回家，开心地对小美人鱼说："我终于找到当初在大海中救我的女孩了，那个人就是……"

听到这里时，小美人鱼非常开心，她以为王子记起来是自己救了他。但没想到王子却说："当初在大海边救我的女孩是邻国的公主，我已经决定要与她结婚了。"

听到这里，小美人鱼的心都碎了。可是，她的嗓子已经不能发出声音了！

6．转弯

这个步骤最重要，它相当于是电视剧剧终前的那一集，剧情最跌宕起伏。不会写故事的人，一不小心就会略过这个步骤，直接通往结局。

但故事里最揪心、最刻骨铭心的地方，通常在这里。

小美人鱼的姐姐知道妹妹快死了，于是去向巫婆求情。

巫婆说，要你妹妹活下来可以，拿你们的头发来换我手上的这把匕首，只要你妹妹肯用这把匕首刺向她最爱的人的心脏，那她就会活下来。

就这样，在一个夜黑风高的晚上，小美人鱼带着匕首，穿过层层的警卫，来到王子的寝宫。此刻，王子正在熟睡，小美人鱼看着这张她最爱的脸，脸上的表情剧烈变化。随着刀子高高举起，她的内心越来越挣扎，一边是最爱的人，一边是自己的性命，小美人鱼陷入痛苦的折磨之中。

小美人鱼越痛苦，读者的心就被揪得越紧，故事就会越紧凑、越好看。鲁迅先生曾说过："悲剧就是把美好的东西打碎给人看。"这里的情节就体现了这一点。

7. 结局

可是，比小美人鱼高高举起的刀子更早落下来的是她的眼泪。眼泪掉下来，代表小美人鱼做出了选择。

她来到海边，把刀子往海里一丢，选择牺牲自己的生命。就这样，小美人鱼最后变成泡沫，从此消失。

你会发现，基本上所有精彩的故事都具备这七个要素。当然，我们写新媒体稿件时没办法写出像一本故事书这么长的篇幅。因此，除了目标和结局必须保留以外，阻碍、努力、结果、意外、转弯这几个步骤可以适当省略。

我用一篇初级的故事稿件给大家做一个示范，这是一位刚学会写故事稿的学员运用"靶心人公式"写的故事。

我们来分析一下这位学员是如何用"靶心人公式"来讲故事的。

严格来说，这篇文章讲述了许世友将军生平的几段故事。我们首先来看第一段故事：许世友将军少年学艺。作者是怎么写的呢？

首先，她在开头找了一个大家熟悉的点进行切入：

"魏和尚"是经典抗战剧《亮剑》中的角色之一。他曾在少林寺习武十年，后来成为李云龙的警卫员，最后在黑云寨牺牲。其实这个角色的原型是我国一位开国的功臣——许世友将军。

接下来，我们来看看这个故事是如何运用"靶心人公式"进行叙述的。

1. 目标

最开始，他的目标是可以照顾自己年迈的母亲，再混口饭吃。

2. 阻碍

可是自己没有一技之长。

3. 努力

他遇见了自己的师父，去少林寺学艺。可当他学有所成的时候，师父却去世。师父去世后，他没有继续待在少林寺的理由了，就想着回去照顾自己的母亲。然而，少林寺的方丈大师觉得他是个人才，不愿放他下山。在他的坚持和努力下，方丈妥协了，他提出只要许世友过得了打庙门这一关，就放他回家。

4. 结果

他过了打庙门这一关，可以回家照顾母亲了。本来病危的母亲在看到日思夜想的儿子后，病一下子就好了大半。

5. 意外

他和表哥放牛的时候和恶霸发生了争执，表哥被打得满脸是血。于是他和恶霸打了起来，不小心打死了恶霸。为了不连累母亲，他选择了逃跑。

6. 转弯

受够了东躲西藏的他选择了参军，加入了吴佩孚的军营。但是当时军队的风气十分不好，吃喝嫖赌的现象屡见不鲜。那么许世友将军有没有受到不良风气的影响呢？

7．结局

许世友将军并没有受到不良风气的影响，军阀部队内部的一些不良风气和丑陋嘴脸令许世友生出厌恶之意。最终，他抓住机会，加入了中国共产党。

作者就用这样的方法讲完了第一个故事，同时为第二个故事做好了引子。如果只看文章，你能想到这是一个学会写故事稿不久的作者写的吗？

三、灵活应用模板，让你的故事不再千篇一律

在应用"靶心人公式"时，我们可以将其中的七个要素打乱顺序，重新排列组合。

比如，可以把结局放在第一部分。

1．结局

某年某月某日，许世友坐在路边的小摊上，喝着酒。他开始回忆最近一年的生活。自从加入了吴佩孚的军队，他一天也没有快乐过。军队的不良作风让他很不适应，士兵们对百姓的欺辱让他恨得咬牙切齿。他知道自己是时候做决定了，自己一身武艺，并不是为了做这些军阀的走狗。他又抿了一口酒，记忆将他拉回第一次遇见师父的时候。

2. 努力

那年他坐在家门口，师父带他去少林寺学艺。

3. 目标

学有所成，照顾自己年迈的母亲。

4. 结果

学会了本事，但是师父却去世了，于是他决定下山。

5. 阻碍

方丈大师看重他，不让他下山。

6. 转弯

在他的坚持下，方丈大师松了口，说过了打庙门这一关，就放他回家。许世友过了打庙门这一关，见到了自己的母亲。母亲也因为见到了自己的孩子，原本的病好了一大半。

7. 意外

他打死了恶霸，到处躲藏，最后加入了吴佩孚的军队。这件事让他并不快乐，于是他选择加入了中国共产党。

你看，把这七个要素的顺序打乱，就成了一篇全新的文章。

　　许荣哲先生曾经说过，打乱"靶心人公式"，对内容进行重新整合，你完全可以得到 $7 \times 6 \times 5 \times 4 \times 3 \times 2 \times 1 = 5040$ 个不同版本的故事。虽然有些夸张，但这的确是不争的事实。

第三节　情感文修炼：
情感类文章的写作方法

情感类文章通过引发读者共鸣的方式来表达核心的观点。

比如，有书的这篇文章《学会不与人争辩，你就赢了!》使用了"总—分—总"的结构。

在第一个"总"的部分，作者提出了自己的观点：人生在世要学会不与人争辩。

在"分"的部分，作者通过三个案例来证明自己想要表达的观点，这三个案例分别是作家莫言请吃饭的事件、《红楼梦》中的一个桥段，以及《庄子·逍遥游》中的几个片段。

最后，在第二个"总"的部分，作者进行了总结升华。

只要能让读者对你提出的观点产生共鸣，那么你写的情感类文章就算成功了。

当然，有一些情感类文章会在结尾提出一些解决某种问题的具体方法，比如，如何控制自己想要与人争辩的冲动、如何在生气的时候转移注意力等。然而，这只是情感类文章的次要内容，最重要的就是要让读者产生共鸣。

一、情感类文章的关键点：引发共鸣

每当我提到情感类文章的时候，很多学员的第一反应就是："情感类文章不就是心灵鸡汤嘛。"

其实，这是一种偏见。有很多的优质文章就是通过表达情感，影响了千千万万的人。

接下来，我就通过一篇经典的情感类文章，来手把手教你如何引发读者的共鸣。这篇文章就是朱自清的《背影》。

这篇文章是一篇情感类的散文，相信大家以前都听老师讲过。

那这篇文章的主题是什么呢？很多人可能会认为："这是一篇散文，所以我找不到主题。"

但事实并非如此，即使是散文也有自己的主题。

实际上，很多人在撰写情感类的文章，特别是涉及亲情、友情主题的情感类文章时，最容易出现的问题就是搞不清楚自己的主题是什么。这种情况会导致读者对你的文章感到困惑，不明白你到底想要表达什么，更不用说打动他们的心了。

例如，在写关于母爱的文章时，许多作者常常会选择描述自己与母亲之间的一些生活琐事。然而，这些琐事叠加在一起可能会显得有些混乱，导致读者在阅读完整篇文章后无法感受到作者想要传达的核心观点，或者无法被打动。

写文章分为两种：一种是自我表达，也就是作者将文章视为对母爱的记录，这种方式当然是可以被接受的；另一种则是面向读者，如果作者希望读者能够明确感受到母亲对作者的爱，那仅仅记录这些生活琐事是不够的。

那朱自清是怎么引发读者共鸣的呢？

他用了最直白、最朴素的语言和动作描写。现在看起来这些文字并未显得有多华丽，然而为何它能触动这么多人的心灵呢？

原因在于，他没有直接阐述父亲对他的爱，但却在字里行间透露出了丰富的细节。那么，这些细节是什么呢？正是那些能够引发我们共鸣的瞬间。

讲到这里，我想告诉你的是：在撰写情感类文章时，你不必给出具体的解决方案。只要能够触动读者的情感，让他们产生共鸣，就足够了。

让我们用一个通俗易懂的例子来解释这一点。比如，

145

你要写一篇文章，论述的观点是张三和李四是好人。那么这篇文章成功的标准是什么呢？

其实，只要读者读完你的文章后，能认可他们是好人，并且在阅读的过程中能被你写的故事所打动，这就足够了。你不一定需要告诉读者如何才能修炼成像张三和李四那样的好人。

我们撰写情感类文章的目的是什么呢？

那就是：用尽一切力量去放大、激发和触动他人内心哪怕只有一丁点的共鸣。

好的文章需要有一个明确、有力的主题，并且所有的行文结构和引用的案例都应该紧密地围绕着这个主题展开。就像《背影》这篇文章，它的主题其实很简单，只有六个字"父爱是伟大的"。作者在行文过程中也只是单纯地叙事，并没有使用华丽的辞藻或者金句，却打动了无数人。

当我们想要说服他人认同我们的观点时，通常需要使用三个方法：动之以情、晓之以理、诱之以利。情感类文章只需要使用前两个方法就足够了。

朱自清的《背影》看似朴实无华，其实其中暗藏了技巧。

比如开头这两段：

那年冬天，祖母死了，父亲的差使也交卸了，正是祸不单行的日子。我从北京到徐州，打算跟着父亲奔丧回家。到徐州见着父亲，看见满院狼藉的东西，又想起祖母，不禁簌簌地流下眼泪。

父亲说："事已如此，不必难过，好在天无绝人之路！"

前面是描写场景和叙事，交代前因，看起来没有什么特别的。但后面的内容却暗藏技巧，调动了所有人的情绪：

从最后一句话开始，作者让读者进入了他的故事情节。

因为这句话让读者产生了共鸣。这句话勾勒了一个几乎天下所有的父亲都会有的形象。

这正是朱自清所写的关于"父亲"的文章能够深深打动无数人的原因，而许多其他人所写的关于父亲的文章却无法触动读者的内心。朱自清所描绘的是全天下父亲的共有形象，而大多数人只是单纯地描述自己与父亲的故事。

为了更好地说明这个道理，让我们来看一个例子。如果我叙述父亲对我好的案例时说："我的父亲对我非常好，他知道我喜欢游艇，于是他倾尽了自己所有的积蓄，给我买了一艘。"看了我的"凡尔赛"的表述，你会被感动吗？当然不会。

同样地，如果朱自清在文章中只是单纯地强调父亲的坚强，也不一定能打动其他读者。因为无论他的父亲有多么坚强，如果这种坚强无法让读者产生共鸣，那么文章与读者之间的联系也不会非常紧密。

从读者的角度来看，除非你笔下的父亲的形象足够特殊，否则就很难被你打动。而朱自清巧妙地捕捉到了几个几乎全天下父亲共有的形象，成功地将读者们紧密联系在一起。

上面的两段话就展现了"中国父亲"的第一个共有形象：父亲再艰难，也不会在子女面前轻易示弱。

如此，我们就通过朱自清的描写，联想到了自己的父亲。这时，朱自清写的就不再仅仅是他的父亲，而是升华到了"中国父亲"这一群体形象。这为后文强调父亲的坚强性格埋下了伏笔。

我们再来看接下来的一段：

回家变卖典质，父亲还了亏空；又借钱办了丧事。这些日子，家中光景很是惨澹，一半为了丧事，一半为了父亲赋闲。丧事完毕，父亲要到南京谋事，我也要回北京念书，我们便同行。

从这一段开始递进，作者用家庭困难且屋漏偏逢连夜雨的境况，调动了读者的恻隐之心。

案例和素材在文章中有两个作用：要么并列加强论点，要么递进引导论点。

什么是并列加强论点呢？即你在文章中论证你的论点

时，使用多个案例和素材，让读者对你的论点更信服。

比如，前文中提到的《学会不与人争辩，你就赢了!》这篇文章就引用了三个案例。如果只是引用莫言的案例，那读者可能会认为"不与人争辩，能让自己过得好"只是一个个例，他对你的论点的信服度可能只有 10%；之后，你再举《红楼梦》的例子，那读者对"不与人争辩，能让自己过得好"的信服度可能会增加到 40%；最后，你举了很多中国古典文化中"不与人争辩，能让自己过得好"的案例，则读者可能就已经被你打动，回想自身的经历，然后与你的观点产生了共鸣。

在《背影》这篇文章中，案例和素材的作用是递进引导论点。

再看这一段，通过时间线上的叙述，来表现细节。

到南京时，有朋友约去游逛，勾留了一日；第二日上午便须渡江到浦口，下午上车北去。父亲因为事忙，本已说定不送我，叫旅馆里一个熟识的茶房陪我同去。他再三嘱咐茶房，甚是仔细。但他终于不放心，怕茶房不妥帖；颇踌躇了一会。其实我那年已二十岁，北京已来往过两三次，是没有什么要紧的了。他踌躇了一会，终于决定还是自己送我去。我再三劝他不必去；他只说："不要紧，他们去不好!"

在这一段中，父亲对"我"的深深关心得以展现，虽然他很在意"我"，却装作不在意的样子。

他没有放下脸面说："孩子，我舍不得你，我想送你。"而是硬找个理由："不要紧，他们去不好!"

于是，父亲的第二个共有形象——父亲对子女的爱，很难说出口——就悄无声息地进入了我们的大脑。

在这里，作者又通过三个对比更加强化了父亲对"我"的爱。

第一个对比：父亲对"我"的关心和"我"对父亲的轻视——"我那时真是聪明过分，总觉他说话不大漂亮"。

我们过了江，进了车站。我买票，他忙着照看行李。行李太多，得向脚夫行些小费才可过去。他便又忙着和他们讲价钱。我那时真是聪明过分，总觉他说话不大漂亮，非自己插嘴不可，但他终于讲定了价钱；就送我上车。他给我拣定了靠车门的一张椅子；我将他给我做的紫色毛大衣铺好座位。他嘱我路上小心，夜里要警醒些，不要受凉。又嘱托茶房好好照应我。我心里暗笑他的迂，他们只认得钱，托他们只是白托！且我这样大年纪的人，难道还不能料理自己么？我现在想想，我那时真是太聪明了。

第二个对比：父亲的身材臃肿和对他来说翻越的难度，文中是这样表述的："父亲是个胖子，走过去自然要费事些……蹒跚地走到铁道边，慢慢探身下去，尚不大难。可是他穿过铁道，要爬上那边月台，就不容易了。他用两手攀着上面，两脚再向上缩；他肥胖的身子向左微倾，显出努力的样子。"

作者写到这里的时候，已经开始被父亲所打动。而读者的情绪在这里也进入了高潮。

第三个对比：翻越过程的艰难和为了不让作者担心而表现出的轻松。文中是这样表述的：

我再向外看时，他已抱了朱红的橘子往回走了。过铁道时，他先将橘子散放在地上，自己慢慢爬下，再抱起橘子走。到这边时，我赶紧去搀他。他和我走到车上，将橘子一股脑儿放在我的皮大衣上。于是扑扑衣上的泥土，心里很轻松似的。

从最后一段开始，作者再次勾勒了一个大部分父亲共有的形象。

近几年来，父亲和我都是东奔西走，家中光景是一日不如一日。他少年出外谋生，独力支持，做了许多大事。哪知老境却如此颓唐！他触目伤怀，自然情不能自已。情郁于中，自然要发之于外；家庭琐屑便往往触他之怒。他待我渐渐不同往日。

在琐事面前容易发怒，甚至对家人发脾气，可以说是中国家庭和整个世界的"父亲"几乎共有的缺点了。

这篇文章中没有直接说一句父亲十分爱"我"，但是无时无刻不在表达父亲爱"我"。

看完这篇文章，你还会说情感类文章就是叙事，而没有主题吗？

情感类文章不仅有主题，还无时无刻不在紧扣主题。

二、情感类文章的常用结构

好了，《背景》解读完了。我们来总结一下情感类文章的常用结构。

《背影》的主题是什么？父爱是伟大的。

朱自清从哪几个方面来证明父亲的伟大呢？

（1）在逆境面前父亲的坚强。

（2）在不断的打击下父亲的隐忍。

（3）父亲对我的爱在心头口难开。

（4）父亲假装"否认"对我的关心，口是心非。

那这篇文章采用的结构是什么呢？答案是"起—承—转—合"。这也是情感类文章的常用结构。

起：不相见已二年余了，我最不能忘记的是他的背影——回忆以往父亲艰难的经历，引发了事件（点出了他是一个要强的人）。

承：父亲的爱在心头口难开，一直想要送我却各种找理由，然而那时候的我却觉得他多此一举。

转：拿一件父亲去车站送我的小事情，来引出父亲为我付出的努力。我感受到父爱的伟大。

合：虽然我们现在还经常吵架，但是每当他故作坚强的时候，我便再次回想起那时候的背影和深深的父爱。

第四节　干货文修炼：
干货类文章的写作方法

一、干货类文章的基本写作要求

首先，干货类文章和情感类文章有着明显的区别。干货类文章注重的是提供有用的信息和解决方案，而情感类文章则更注重引发读者的情感共鸣和情绪体验。因此，判断一篇文章是否属于干货类文章，核心标准应该是看它是否能够帮助读者解决具体的问题，是否为读者提供了解决问题的具体方法。

在结构上，干货类文章通常采用"是什么—为什么—怎么办"和"起—承—转—合"的形式，这两种结构有助于清晰地呈现文章的主题和内容，使读者更容易理解和接受。

其次，我们要明确干货类文章的目标读者。判断一篇稿子是否适合讲干货，可以从以下两个方面进行衡量。

（1）平台偏好：了解所发布平台的喜好和规范是非常

重要的。研读平台的热门文章，总结它们的特点和风格，可以帮助你了解该平台对干货类文章的需求和接受程度。同时，也要确保你的稿件符合平台的规范和要求。

（2）目标读者喜好：了解你的目标读者喜欢阅读的内容类型和话题，对于确定文章是否适合讲述干货至关重要。你可以通过研究读者的反馈、分析相关领域的热门话题或者进行读者调查来了解他们的需求和兴趣。

比如，我曾经用"吃羊文史"这个头条号进行了一次测试。我写了一篇关于大家熟知的人物——欧阳修的文章。

当时，平台和读者对于论文体较为喜爱，因此我不仅讲述了欧阳修的故事，还在文章中发表了议论，甚至加入了一些建议，以引导读者如何去做。

在文章中，我以欧阳修的绯闻作为开头，并在文章中穿插了他"构陷"狄青的故事。然而，整篇文章的主要内容是关于北宋历史的干货，我在议论和分析中探讨了宋朝的刑法和官场的历史。欧阳修的故事仅仅是一个引子，而文章真正想要展现给读者的是历史背景和深层次的内容。这样的文章自然在当时很受平台和读者的欢迎。

然而，由于干货类文章有"帮助读者解决具体的问题"的特性，因此许多人在撰写该类文章时常常会犯一个错误，那就是：说教成分太严重。

你可能会认为，说教能对稿件产生什么影响呢？实际上，影响是特别大的。当干货类文章出现过多的说教内容时，读者很可能会产生反感情绪。

二、干货类文章拆解

接下来，我将通过两篇干货类文章的详细拆解，让你彻底掌握干货类文章的写作技巧。

1. 《读无用的书，才能过有用的人生》[一]

我们基本可以确定，这样的标题在微信公众号领域很难火起来。当时，有书微信公众号发布这篇文章后，我关注了它的阅读量，结果确实如我所料，表现平平。

主要原因有三点：

（1）说教感太重。

（2）内容过于宽泛，缺乏针对性。

（3）爱读书的人其实并不多，伪"阅读者"很多。

除了标题中的问题，我们再来看看这篇文章存在的其他问题：

2014 年 8 月 17 日，是一个让我印象深刻的日子。那天

[一]　https://dwz.cn/UgTCQ4b9.

下午，我坐在一家咖啡馆等朋友。

无聊之余，我被两个年轻小伙的谈话所吸引。

"你为什么让他上来就学这么难的？"

"可是我觉得这个必须得学会呀！"

"必须会，也不是现在就要学呀。你得让他先喜欢上，他才会继续尝试，而不是让他有挫败感。"

在当时，我作为一名阅读推广人，致力于普及经典读物，深信只有阅读经典，人们才能真正感受到文学的魅力。然而，我很快发现，我的努力并没有带来理想的效果。

那个小伙子的话让我醍醐灌顶，让我意识到，如果强行给阅读基础不牢固的读者灌入经典，他们就容易产生抵触情绪。

仅仅看个开头，我们就能分析出四个问题。

第一个问题：作者只讲了自己的经历，但是很少有人能够与作者有共同经历，因此读者的共鸣感很少。

第二个问题：作者说自己是阅读推广人，无意间拉开了与读者的距离。

第三个问题：作者在文中没有提及自己的具体身份和影响力，使得读者可能会认为：凭什么要听你的建议呢？这种缺乏自我介绍的情况可能导致读者对作者的信任度降低。

第四个问题：作者在文章开头铺垫过多，时间线拉得较长，展示技巧的成分过于明显，这些都容易引发读者的反感。

经过以上分析，大家可能会认为这篇文章写得并不出色。不过，先别急着否定，其实这篇文章的背后是有个小插曲的。实际上，这篇文章原本是作为演讲稿为有书 CEO 雷文涛先生准备的，只是那场演讲后来被取消了。幸运的是，雷总对这篇文章颇为欣赏，便安排将其发表在有书的微信公众号上。

在 2017 年，雷总已经是一位备受赞誉的阅读推广人。因此，他在演讲中展现的技巧、幽默以及自我经历的分享，都能让听众信服。而且，他在之前的演讲中经常调侃自己，这样的开头在演讲的场景下显得风趣幽默。

然而，当这篇文章被发表在微信公众号上时，这样的开头却无法达到预期的效果。原因在于场景发生了变化，写作手法也需要灵活调整。这正是我一直在强调的：在写作之前，一定要先设想好你的目标读者。

一篇文章文笔优美，但大家都不愿意读，那它算好文章吗？可能我们只能从文学价值去分析了。

所以，评判一篇文章的好坏，需要综合考虑其内容、结构和读者对象等多方面因素。

如果我现在想写一篇关于"读书"这个选题的干货文章，并将它发表在微信公众号上，那应该怎么写呢？

我给大家一个时间线上的模板。

起：我以前看书怎么都看不进去。

承：点出几个大家在阅读方面的痛点。

转：直到有一天，我不小心听到了两个人的对话并受到启发，才发现原来兴趣比努力更重要。然后，我从兴趣入手，开始阅读，最后摸索到了一套方法，行之有效。

合：我现在什么样了？逆袭了，我觉得我找到了生命的意义（现在厉害了）。

简而言之，这样写的逻辑是什么呢？

直观含义：以前我和大家一样看不进去书→我找到了一套行之有效的方法论→我变得厉害了。

引申含义：你想要变得厉害→听我的→你也可以很厉害。

在文章的前半部分，我吐槽的都是自己，并没有对读者说教，因此读者也不会感到厌烦。然而，我所描述的这些问题具有普遍性，可以触动许多读者的内心。我通过间接地指出读者的痛点，使得他们在情感上更容易接受我的观点。

这种写作方法与我们上节中讨论的朱自清的《背影》

的写作方法类似。朱自清笔下的父亲之所以感人，就是因为他在描写自己的父亲时，点出了全天下所有父亲的共性。

2. 《我的发小今早猝死，年仅 29 岁》[⊖]

当时这篇文章仅在有书这一个平台就获得了超过 400 万的阅读量，转发率非常高。

这篇文章采用了与《过秦论》相同的技巧——在逻辑即将出现破绽时，立马转换话题，换另一种说法继续阐述。实际上，这种写作方式并不算特别高明，但却能有效地调动读者的情绪。

我们分析一下这篇文章的行文逻辑。

在刚开始的内容中，作者采用了很常用的套路——卖惨。这种策略主要通过描述主人公的困境或悲惨遭遇来激发读者的同情和怜悯之心。

多少梦想还没有来得及实现，筑梦者的生命已休止在今天。

所以，拜托阅读此文的你，如果可以，请在这个多事之春里照顾好自己。

"我可什么都没说，只是拜托你要照顾好自己哟。"然

⊖ https://dwz.cn/NQEPeEfb.

后，作者继续罗列并列关系的案例，加强论点的说服力。

接下来的内容直戳读者痛点："你是不是也在用生命为生活和工作奋斗""最重要的真的是钱吗？是事业吗？是名利吗？"

当生命的红灯亮起，当健康的身影隐遁，当一切身外之物如潮水般后退，当病魔叫嚣着将一个人摁在生死线上，那一刻，如果意识清醒重新选择，我们的灵魂是否能够觅得珍贵的初心？

它是房子，车子，票子？

是事业，前途，梦想？

是名利，声望，赞誉？

还是健康，家人，亲情？

我连续举了三个强化论点的案例，其中有两个技巧：

（1）案例的内容很短，上一个案例读者还没来得及思考，下一个案例就袭来，让读者无暇顾及叙述中的漏洞。

（2）波浪式扩散，换句话说就是案例采取了递进的逻辑。

刚开始，作者讲述了一个十分悲惨的案例（距离读者较远），来引发读者的怜悯之心。

接着，作者讲述了身边本事很大的人的案例，他原来有钱，后来也猝死了。

最后，作者讲述了身边年轻人的案例，和读者的相关性也越来越大。

你可以这样理解波浪式扩散：当一颗石子儿被投入湖中时，它激起的涟漪逐渐扩散，并且越来越接近岸边。这种扩散方式使得读者的共鸣感逐渐增强，让他们感受到一种迫在眉睫的紧张和焦虑。

这篇文章是有逻辑缺陷的，即偷换概念，只列举了生病的概率，而没有分析生病与工作努力之间的联系。

那么作者是如何解决这个问题的呢？

答案就是加快节奏，在读者没看出来这个逻辑缺陷之前，作者已经给出结论了。

第五节　人物稿修炼：最受欢迎的新媒体人物稿是如何炼成的

在此之前，我想带你复习并巩固下"起—承—转—合"大纲的底层逻辑，因为想要写好人物稿，这个基础必须打牢固。

一、人物稿大纲的底层逻辑

简单来说，人物稿大纲用简单的四部分表达就够了。

第一部分：起——他很了不起，取得了很大的成就。

第二部分：承——讲述过去的事情。

第三部分：转——不仅因为……还因为……

第四部分：合——总结升华，他真了不起。

"起—承—转—合"就是四个大的底层逻辑，每个底层逻辑下面，还会有内在的小逻辑。也就是说，你的素材和表述方式，要能够证明你的"起—承—转—合"的每一个部分都是合理存在的。

比如，在曾巩的《寄欧阳舍人书》中，有一段文字提到了墓志铭和史书的地位相同。为了证明这一观点，他运用了相关的材料和证据进行阐述。

在写作练习中，我们应该着重加强大纲的逻辑训练。通过这种方式，我们可以夯实写作的基础，使文章更具条理和连贯性。如果没有扎实的逻辑功底，想要凭借"经验"和"运气"写出优秀的作品是相对困难的。

二、搜集素材的注意事项

实际上，许多人在写作过程中经常会遇到一个问题，那就是在编写大纲时很用心，然而在搜集素材时却容易采用"填充式"的方法。他们看到一个差不多的素材就将其填充到大纲中，经常会忘记大纲原本要表现的内容。

在这里，我想分享一些高效搜集素材的方法。当我们拿到一个选题时，通常会遇到两种情况：

（1）对整体的框架有所了解，但缺少合适的素材。

（2）对整体的框架不够了解，仅仅是知道这个选题。

第二种情况是我们需要重点关注的。很多人没有意识到，自己在拿到选题时可能属于这种情况。因此，他们可能会采用面对第一种情况时的方法，即见到素材就往里面填充，直到最后大纲的整个逻辑都变了。

在这种情况下，我们需要放下已有的认知，以空杯心态全面地看待素材。

举一个例子，当我写一篇关于谢道韫的人物稿时，我翻阅了大量与她相关的书籍，结果发现了很多五花八门的文章。于是，我将认为有用的信息都记录下来，如赏雪、《诗经》等关键词，大概有 20 多个。

然后，我开始在其中寻找一个合适的主题。经过寻找，我意识到谢道韫虽然是一个才女，但她并不是传统意义上的那种"文艺女青年"。于是，一个大致的论点逐渐浮现：这个才女与众不同。

虽然这个论点比较笼统，但我没有在意，而是继续思考能否围绕这个论点构建一个完整的大纲，如下面的这种思路。

起：她是一个才女，但是却跟一般的才女不同。

承：少年时代，她的"才"不仅仅体现在诗词方面，还体现在政治方面。

转：转换到另外一面，也就是她在婚后表现出的不同。

合：感叹。

然后，我就开始整合，并在整合的过程中发现了可以优化的地方。比如，在描述"咏柳之才"时，我想到了曹雪芹曾经提到林黛玉具有"咏柳之才"。于是，我决定深入查阅相关资料，以完善我的文章。

经过一番调查，我发现这个说法是准确的。于是，我调整了原先的大纲，在"起"的部分用了林黛玉的故事，将林黛玉与"咏柳之才"联系起来，并找到了典故中对应的历史人物。通过这种方式，我利用读者熟悉的人物来解释读者不熟悉的人物，使文章更加生动易懂。

需要记住的是：大纲可以引导我们搜集素材的方向，而素材反过来又能帮助我们优化大纲的逻辑。

三、三步写出人物稿

接下来，我们来介绍一篇受欢迎的人物稿应该怎样去撰写。

在前文中我们提到过，人物稿的结构一般为"起—承—转—合"，在撰写时具体可以分为三步：寻找人物的"魂"，树立人设、完善大纲，升华人物的"魂"。

1. 寻找人物的"魂"

我们选择解读一个人物，原因在于他具有以下四个特点，值得我们关注和记录：

（1）他的品质、精神值得我们学习。

（2）他的成就值得我们敬佩。

（3）他所遇到的问题值得我们借鉴，可以让我们引以为戒、吸取教训。

（4）他的遭遇令我们同情和感动。

我们需要通过大量的阅读和研究，掌握丰富的素材。然后，经过深入的分析和消化，逐渐提炼出所写人物的"魂"。

这个"魂"不一定是大众所熟知的方面，但一定是贯穿并影响其人生的关键点，如性格特质、品性以及为人处世的方式等。

2. 树立人设、完善大纲

我们可以从四个角度来构建人物的人设：努力者人设、逆袭者人设、覆灭者人设、坚守者人设。

什么是努力者人设？

努力者人设是指一个人在面临各种挑战和困难时，始终不放弃努力，通过不断努力和奋斗，最终实现自己的目标，取得了成功。

张艺谋是一个典型的"努力者人设"的代表。他通过抓住高考的机遇进入大学，努力学习电影知识，不断尝试拍摄电影，逐渐成了一位大导演。

写人物稿的目的不仅仅是描述人物本身，更重要的是弘扬人物的精神。

因此，在描绘张艺谋的形象时，我们可以从他抓住机遇、实现梦想的角度切入。作为一个工人，他原本可以平稳地过完一生，然而他并不满足于此，他追求摄影以及更多的艺术梦想。

尽管摄影的门槛很高，他只是一个工人，没有老师，只能依靠自学。然而，他从未放弃过自己的梦想，始终关注摄影，尽自己所能往这个方向努力。他将业余时间和金钱都投入摄影的学习和发展上，虽然这只是杯水车薪。

当高考的大门向张艺谋敞开时，他意识到这是一个千载难逢的机遇。然而，这个机遇并非人人都能把握，它需要的是真才实学。张艺谋凭借自己的努力和积累的才华，成功地通过了考试，改变了自己的命运。

虽然高考不再是决定命运的唯一途径，但对于那些没有其他外在条件改变自己境遇的人来说，它仍然是一个重要的机会。这样的机会在我们的生活中有很多，但它们只会青睐那些时刻为它们做好准备的人。

看完了张艺谋的经历，"起—承—转—合"的结构是不是出来了？

你可以先介绍张艺谋意识到高考是一个机遇的情况（起），然后描述他是如何通过努力和积累才华来准备迎接这个机遇的（承），接着讲述他如何成功地把握住这个机遇并取得成功（转），最后总结他的经历对读者的启示和意义（合）。

我们接着来介绍什么是逆袭者人设。

逆袭者人设指的是在初期处于劣势或遭遇困境，但通过抓住机遇并采取有效的行动，最终实现了巨大的成功和转变。

以三国时代的吕蒙为例，他最初并不出色，但通过努力学习、勤奋训练，最终成了一位杰出的将领。

而覆灭者人设则相反，他们起初拥有优秀的条件和资源，也有很强的能力，但因为错误的选择、沾染的恶习或人生决策的失误，导致他们后半段的人生陷入毁灭或晚节不保。

比如，第二次世界大战时期的希特勒和曾经差点成为国民党党魁的汪精卫曾经拥有很高的地位和权力，但因为自己的错误决策和行为，最终导致了自身的覆灭和国家的灾难。他们的故事提醒我们，即使在占优势的情况下，如果做出了错误的选择或沾染了恶习，也可能会导致无法挽回的后果。

那什么是坚守者人设呢？

即从一开始就坚守着某种品质、性格、看法和梦想，不会因为利益与外界的看法而轻易改变，如朴树。

　　下面我们以《朴树，终于可以坦然地，与这个世界格格不入了》这篇文章为例来学习作者是如何打造朴树的坚守者人设的。

　　写朴树的文章有很多，为什么这篇文章还能取得这么大的成功？就是因为作者找到了一个能够引起人们共鸣的角度，抓住了朴树的"魂"——坦然地与世界格格不入。

　　这种格格不入体现在两个方面：一是他坚持纯粹做音乐的初心，二是除了音乐之外，他不在乎周围一切的性格。这两点在朴树身上完美地结合在一起，形成了他的独特性格魅力。

　　作者以时间顺序来讲述朴树的人生经历，但所有的"起—承—转—合"都围绕着朴树的"魂"来展开。

　　文中大致描绘了这样的故事：

　　第一部分，童年的经历。

　　第二部分，初入音乐圈。

　　第三部分，性格的觉醒与现实之间的矛盾。

　　第四部分，自我的绽放以及与世界的隔离。

　　第五部分和第六部分，归来以及对全世界的坦然。

　　第七部分，升华，希望读者也可以像朴树那样过自己

　　　⊖　https://www.toutiao.com/a6625569398339928584/?channel
　　　　=&source=search_tab.

想过的人生，可随意洒脱地生活，也可天真做少年。

在"起"的部分，也就是正文的第一、第二部分，作者叙述了两件事情：

（1）音乐是他的梦想，不可以被动摇。

（2）他性格执拗，他的坚持和人生态度很难被改变。

在寻找人物的"魂"的时候，如果找不到切入点的话，我们可以尝试从人物的性格入手。性格决定命运，一个人的性格特点往往决定了他的人生轨迹。

以朴树为例，他的性格让他与世界"格格不入"，而这种格格不入又促使他从小就热爱音乐并专注于音乐，让他刚出道的时候就名利双收，这证明了性格对一个人命运的巨大影响。

接下来，我们进入"承"的部分，即第三部分和第四部分。

随着名利的日渐积累，朴树越来越感到不适和不快乐。他深知音乐对他来说是神圣且纯粹的，他渴望不受功利束缚，像夏花一样绽放。然而，世界并不允许他这样做，名利和合约束缚了他，迫使他去做自己不愿意做的事情。

这时，朴树的性格与世界形成了对立。他陷入了抑郁和沉沦。世界让他恐惧。面对这种情况，一个单纯的人最好的办法是什么？那就是与这个世界保持距离。因此，他选择了隐退，与世界隔离。

然而，尽管朴树选择了与世界隔离，但这并没有阻止他思考和探索新自我。这段时间的思考让他产生了与世界和解的想法，并逐渐产生了与世界重新融合的意愿。

接下来，我们进入"转"的部分，即第五部分和第六部分。

他得到了自己的答案——平凡才是唯一的答案。他开始重新融入这个世界。

他依旧语出惊人，依旧纯真，仿佛在性格上没有改变。的确，他还是那个少年。但是，他看待这个世界的方式变了。他明白了取舍，也明白了自我与世界并非相互排斥。坚持自己性格和梦想，也不代表无法与世界达成和解。他开始参与商业演出，也不避讳赚钱。他毫不遮掩地说："代价就是这里，你很清楚你要付出什么东西，你要放弃什么东西。"

他的性格依旧执拗，但不同的是他开始愿意尝试，去接触、去挑战这个世界。

此时的世界，在他眼中只是一个客观的存在，而不再被简单地划分为善恶两元。

十年蛰伏，朴树只是选择了接受这个世界，但他仍然是那个充满善意又不世故的朴树。

他用自己的格格不入，坦然地融入了这个世界。

3. 升华人物的"魂"

在朴树那篇文章的第七部分，我们进入"合"的部分。

娱乐圈向来是喜新厌旧的地方，但对朴树却格外的长情，有网友说："十几岁的时候喜欢他，觉得他文艺；后来长大点儿讨厌他，认为他装；现在却愈发热爱他，因为终于懂得了他的纯粹。"

在商业化社会，他对音乐一直抱有敬畏和虔诚之心，多么难得。

作者在这里开始借助他人的话对朴树做出评价，然后回到所有读者的世界。

年少时，我们都渴望成为朴树那样的人，干净、单纯、不世故，可后来发现，人生要经历的事太多，无论哪一件都会让我们卷进世故的旋涡。

想做少年，太难。唯有在朴树的歌声里，才会记起自己曾经的少年模样。

只是希望，往后余生，历经沧桑后，我们可以像朴树一样，过自己想过的人生，可随意洒脱地生活，也可天真做少年。

作者找到了朴树的"魂"，然后通过文章把他的"魂"一点点地注入我们的脑海中，让我们回忆自己曾经是少年的模样。

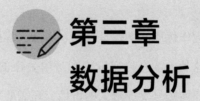

第三章
数据分析

第一节 技巧进阶：做好四个 关键数据，让账号赚取更高收益

从本节开始，我给大家讲解如何提升自媒体账号运营能力。

创作优质的文章是投稿和运营自媒体账号的基本要求，因为这是向读者传递价值和吸引关注的基础。然而，要想让自媒体账号发挥最大的价值，还需要掌握一些运营技巧。

为什么这么说呢？因为当我们真正开始独立负责一个自媒体账号时，不仅需要我们具备出色的写作能力，能持续创作高质量的文章，还需要我们具备运营能力，能够长期监控文章和账号的数据，并根据这些数据及时调整账号的方向和内容。比如，当账号出现爆款文章时，我们需要及时复盘，总结出可以复制爆款文章的经验。而当账号在某段时间内数据惨淡时，我们也要及时分析原因，制定出具有针对性的改进方案。

所以想要做好账号，我们必须要能读懂数据。如果我

们不能从不断变化的数据中得到经验和教训，及时对账号进行调整或者改进，那么我们就像蒙着眼睛奔跑，随时会掉进坑中。

一、判断新媒体文章好坏的四个关键数据

其实，关于新媒体账号的数据有很多，仅文章层面就包含了展现量、阅读量、点击率、平均阅读完成率、互动率等多个数据指标，见下图。

不过你也不用过于担心，虽然看起来有这么多指标，但是其实可以归结为四个板块，分别是：

（1）流量板块，即你的文章的阅读量和展现量。

（2）收益板块，即你的文章赚了多少钱。

（3）粉丝板块，即你的文章给你带来的粉丝的增长是多少。

（4）互动板块，即你的文章的评论、点赞、转发和分

享等数据。

我们先来看一下自媒体平台是如何给读者推荐作品的。

无论是哪个自媒体平台，推荐机制一般都会从三个维度出发：内容、用户以及用户对内容的喜好。

我们打开今日头条 App 时，可以看到其中有许多不同的分类，如历史、文化、健康、娱乐、职场和育儿等。每个栏目的内容都具有独特的属性。

对于用户来说，平台会根据他们的性别、年龄、浏览行为、偏好和地区等进行偏好计算。因此，当你发布一条内容时，平台会根据文章的标题和内容进行分析，并为其添加 10 ~ 20 个标签。比如，你写了一篇关于曹操的历史文章，可能平台的系统就会为你的这篇文章生成历史、曹操、三国和战争等标签。然后，系统会根据这些标签将其匹配给可能对该内容感兴趣的人群。

当你发布完作品后，平台会根据用户对内容的喜好程度来决定下一步的推荐计划。而这种喜好程度则通过各种数据指标来呈现。

那么，了解了这些数据后，我们如何利用它们呢？我们可以利用它们做出以下四个判断：

（1）我们的选题是否受欢迎。

（2）标题起得好不好。

（3）文章写得是不是足够吸引人。

（4）这样的题材是不是用户关注的。

在刚刚接触运营的时候，我们不需要掌握太多的数据，只要牢记以下四个关键数据即可，即：展现量、阅读量、平均阅读完成率以及互动率。

二、以头条号为例详解四个关键数据

接下来，我将根据头条号对内容的推荐逻辑，为你详细讲解这四个关键数据。

在你发布文章后，头条的推荐会分为四个阶段进行：初审、加权测试、启动测试、复审。

1. 初审

在内容发布后，你的文章就会进入第一个阶段：初审。

在这个阶段，平台的系统会根据预设的算法对你的文章进行审核。初审的结果通常有两种：如果文章符合平台规则，它会被正常发布；反之，如果文章中存在违反平台规则的内容，那么它会被限制流量或者直接退回。

在初审阶段，平台主要关注的是文章是否存在违反国家政策的风险，如散布谣言、抹黑英雄人物、歪曲历史等。此外，平台还会检查文章是否与平台上已发布的文章存在较高的重复率。

初审未能通过会影响文章后续复投成功的概率。因此，在发布文章之前，我们一定要使用专门的工具进行自我检测，以确保文章内容既符合国家政策，又具有独特的创新性。

自媒体平台有一套完善的规则体系，我在这里简单列了几条绝对不能触犯的规则：

（1）不得描述违背科学常理的内容。

（2）不得描述未被证实或与已发生事实相悖的事件情节。

（3）不得描述无中生有的内容或捏造谣言。

（4）不得发布涉及赌博、迷信、传销、医疗器械等违规推广的内容。

（5）不得发布侵犯他人合法权益的内容。

（6）不得发布没有资质发布的内容。

在这里，我给大家推荐一个名为易撰的工具，该工具每天提供三次免费检测机会。

完成文章后，将其粘贴到编辑器里你就可以进行检测了。该工具会有针对性地检查文章的原创度以及内容和图片是否存在风险或违禁情况。

比如下图，这篇文稿中可能包含敏感或风险词汇，如派系、拉拢、政府。为了确保文章的安全性和可读性，我们需要对这些词汇进行谨慎处理。

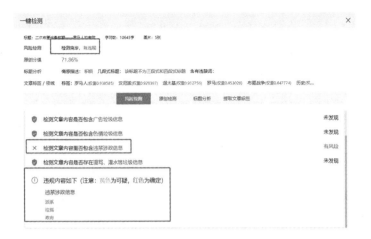

另外，这篇文章的原创分值为 71.86%，只要原创分达到了 70%，就证明内容的原创度是合格的。如果没有达到 70%，却又不知道应该对哪些地方进行修改，怎么办呢？

我们可以点击"原创检测"按钮进行相似度的查询，一旦有高于一定的标准要求的句子，就在相似度部分呈现红色。

来一场突袭。可是拉米乌斯终究还是小瞧了汉尼拔。汉尼拔早已经"预料到了你的预	35.54 %
汉尼拔便知道大局已定了。接下来，他吹响了作战的号角，汉尼拔的铁兵立即封锁了缺	30.81 %
罗马军队也一样方寸大乱，所有人像疯了似的想冲出包围圈。可是，在他们的周围，就	16.59 %
名前卫士兵冲出敌阵后向东逃去，又被阿那塔军埋葬寺制的散军骑兵堵上，悉数被捕。	87.63 % ——红色
就这样消失了。汉尼拔的再次胜利，让罗马人人人自危，佣心消磨殆尽。心气高傲的罗	33.18 %
同样的罗马人也意识到，嗖硬嗖硬，显然已经很难打得过这位军事天才了。那到底还有	16.59 %
血向了历史舞台。那么，费边这位老将在战略又起到了怎样的效果呢汉尼拔还能不能取	21.31 %

看到检测结果，你就可以有针对性地对内容进行修改了。因为易撰是一个第三方软件，所以不能完全避免内容违规，但是可以帮你将违规的风险降到最低。

2. 加权测试

通过了初审，你的文章就会进入第二个阶段：加权测试。

新媒体平台为众多创作者提供了展现自己才华的舞台。每天，数以万计的作品在这里发布，然而平台的流量却是有限的。作为平台方，他们需要将有限的流量投放到表现优秀的作品上，以提升用户的阅读体验和平台的整体表现。然而，这种做法容易导致"马太效应"，即先发表的优质文章会获得越来越多的推荐量，而后发表的优质文章能分到的推荐量则越来越低。这种情况可能会打击新作者的创作积极性。

为了解决这一问题，系统设计了一个机制——为每一篇新发布的文章提供一定数量的"福利"流量，进行小规模的测试。这个推荐的具体数量会受到两方面因素的影响：用户的身份以及账号的粉丝基数和活跃度。

对于新用户，系统会给予一定的加权，让他们有机会获得更多的曝光和推荐。此外，拥有一定粉丝基数且粉丝活跃的账号也会得到更多的推荐。这种机制旨在鼓励新作者积极创作，同时确保平台上的内容能够得到公平的展示机会。

3. 启动测试

当得到加权之后，你的内容会进入第三个阶段：启动测试。

经过小范围测试后，平台已经对新的内容质量有了大致的了解，并在后续的推荐中，根据每篇文章的质量和受欢迎程度来调整推荐力度。

实际上，平台的系统会根据我们刚才提到的四个关键数据——展现量、阅读量、平均阅读完成率以及互动率，来评估哪些内容更值得推荐，哪些内容则需要减少推荐。

在这个阶段，如果你的文章的阅读量也就是点击率比较高，那么就证明你的文章的封面和标题等用户第一眼就能看到的内容，在没有人工干预的情况下，是符合用户的期待的，是用户喜闻乐见的，因此可以再获得一定的加权测试。

接下来，平台还会看以下几个数据。一个是文章的平均阅读完成率。想象一下，系统根据你的选题和内容，把你的文章推荐给了合适的人，然而他刚刚看了几秒就关掉了。

这意味着你的文章可能存在以下问题：文不对题；开头不吸引人；点题太慢；排版太乱。

如果存在这些问题，平台可能不会继续推荐给更多人观看。

当文章的平均阅读完成率还不错的时候，我们还应该关注哪个指标呢？

那就是第四个指标——互动率。

比如，有些人在阅读一半或看完文章后，可能觉得内容乏味而直接离开，没有留下任何痕迹。

一旦你的文章的互动率较低，那么平台就会认为你这篇文章不符合目标用户的期待。比如，下图中这篇文章的互动率仅超过了32%的同类作品，算是比较低的了。因此它的展现量也就止步于此。

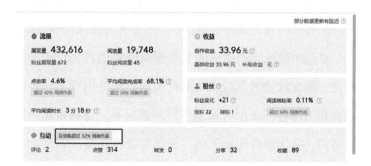

你可能会认为，部分读者不喜欢的可能性也是存在的，如果我遇到的都是这种读者，岂不是被平台的系统误判了？

的确，每个领域的文章都有一些只喜欢看但不喜欢互动的读者。然而，平台的算法也考虑到了这一点，因此系统有三种应对机制：

（1）系统会统计出那些平时不喜欢互动的用户，将他们排除在"互动率"范围之外。这意味着平台不会将这些读者的互动行为纳入考量范围。

（2）系统会监测用户的关联阅读和关注率。这意味着如果一个用户喜欢你的文章，他可能会关注你或去你的主页查找其他类型的文章进行阅读。这也是我们经常能在自媒体平台的推荐栏看到创作者几年前发布的文章的原因之一。

（3）系统计算的不是互动的具体数量，而是一个相对值：与同类型、同梯队的文章相比，此篇文章的互动率是否高于其他文章。

比如，你写了一篇历史方面的文章，阅读量为 10 万 ~ 20 万的级别，那么系统是不会拿你的文章与阅读量为 100 万的作品或美食方面的作品进行互动量的对比的。

因此，有时候你的文章的点击率很高，平均阅读完成率也很高，却无法继续得到更多推荐。

在此阶段，所有文章都依靠各自的质量和表现来争取更多的推荐。如果你的文章能保持良好的点击率、平均阅读完成率和互动率，那么就会获得更多的推荐。反之，你的文章的流量就会逐渐减少，直到不再被推荐。

4. 复审

当文章平稳通过第三阶段，如果没有出现异常情况，那么整个推荐的流程就结束了。

如果出现了异常的数据，如推荐量或阅读量异常增长，或者差评量和投诉量有所增加，则平台将进入第四个阶段：人工第二次审查，也就是复审阶段。

在这个阶段，如果发现有违规行为，就会进行人工干预。具体来说，可能会对文章进行限流、扣除账号信用分甚至禁封账号。

可能触发人工第二次审查的具体原因如下图所示。

其中最常见的原因包括：内容质量差；内容有重复或者不合规的描述；标题党；抄袭、洗稿；违反法律法规和相关政策。

如果是单纯的内容质量差，系统只会对你的账号进行降权处理。而如果存在内容重复、图片不符合要求或者标题党等情况，系统就会对你的文章进行进一步限流，仅将其推荐给你的粉丝。同时，你会在系统通知栏收到相应的提示。不过，这些问题可以通过及时改正来挽救。

但是，如果在抄袭、洗稿的同时，还标记自己的内容为原创的话，那么该篇文章会被取消原创标签，同时你的账号也会被扣20分。如果在180天内违规三次，那么你的原创标签将被永久禁封。这意味着你的账号几乎失去了变现的能力。

而一旦触及法律红线，你的账号就会被永久禁封，并且你用于注册的身份证号和手机号也将无法再次注册账号。

因此，在进行新媒体创作时，我们一定要记住平台的规则。

第二节 运营策略：掌握六个关键方法，提升文章的推荐量

一、影响文章推荐量的因素

在运营账号的过程中，你可能会发现这样一个现象：同样的一个选题，别人文章的展现量已经达到了几百万，而自己文章的展现量却只有几千甚至几百。在对比内容后，你可能会发现自己的文章并不比别人的差。那么，是什么原因导致了这种差异呢？难道是因为自己的账号被限流了吗？

其实并非如此。除了上一节给大家介绍的自媒体平台的推荐机制之外，还有一个指标会影响文章的推荐量，那就是在当时的环境下，流量池中的其他文章的表现。需要强调的是，我们的文章的推荐量不仅仅取决于我们文章本身的质量，还取决于 24 ~72 小时流量池中其他文章的表现。

我们来详细解释一下。在前文中我们也说过，在你发布文章时，自媒体平台的系统会根据文章的具体内容给你的文章打上相应的标签。比如，你写了一篇关于李商隐的

文章，可能会得到的标签包括李商隐、锦瑟、令狐楚、牛李党争等。

然后，系统会根据这些标签以及相似文章的异同程度进行分类。在接下来的几天内，标签相似度极高的文章将进入同一个流量池。然而，每一个流量池能够推荐的文章是有限的。因此，平台会选其中数据表现较好的文章进行推荐。

评判的标准就是我们在上一节提到的几个数据：点击率、平均阅读完成率、互动率。

文章是否值得被推荐，除了和当时环境下流量池中的其他文章的表现有关以外，平台还会从以下三个方面来进行判断。

1. 内容的时效性

比如，你以撰写热点文稿的方式写了一篇两个月前发生的娱乐八卦型文章，那么这篇文章就已失去时效性。

你的文章被推荐的概率就会大大降低。不仅如此，平台还有可能会把你的文章判定为"以旧闻冒充新闻"，从而扣掉你的账号的信用分。

2. 内容的垂直程度

内容的垂直程度是指发布的内容与自己选择的领域的一致性。

在刚创建账号时，我们可能会有一段探索期，不确定应该写什么内容。然而，一旦确定了要写的领域，就应该尽量保持稳定，不要轻易改变。

因为在你坚持某个领域的内容撰写之后，平台会为你的账号打上标签，如心理领域、历史领域、文化领域等。如果你的文章表现良好，那么当你发布新文章时，很可能会被推荐给更精准的用户。

比如，你写了一篇名为《苏轼诗词赏析》的文章，如果平台同时推荐给了喜欢汽车的读者和喜欢文化的读者，谁更有可能点击并浏览这篇文章呢？显然是后者。

如果你坚持写文史领域的文章，那么当你发布《苏轼诗词赏析》这篇文章时，平台就会把它推荐给喜欢文史的读者，从而提高你的文章的点击率，进而增加文章的推荐量。平台也会判定你的文章能给它带来价值，于是会将你的其他文章精准地推荐给喜欢你的用户。

然而，如果你经常更改领域，写几天唐诗，再写几天娱乐八卦，然后又写几天育儿知识，那么平台就很难为你打上合适的标签，也就难以将你的文章精准地推荐给有需求的用户了。

3. 内容的同质化

在进行内容创作时，如果你的文章和平台其他文章的内容很相似，那么哪怕通过了查重检测，也很难获得较高的推荐量。

为什么会这样呢？可以想象一下我们平时搜索的场景。如果你想要了解李白的信息，这时你对"李白"这个关键词进行搜索，结果发现挑出来的40篇文章几乎讲了同样的内容，没有任何新的知识点。那么你会对这个平台产生好感吗？肯定不会。

因此，平台希望出现的情景一定是，用户搜索"李白"这个关键词之后，其中一篇文章是对李白的总体介绍，而其余文章则从不同角度阐述李白或与其他选题结合，为用户提供多样化的选择。

所以，当你的文章与平台内容库中的文章同质化程度过高时，就很难获得推荐。这也是有时大家都会跟热点，但推荐量却有巨大差距的原因。同时，"同质化"这一评判标准使得标签相同的文章先发布比后发布能占据更多优势。

二、提升文章推荐量的六个技巧

知道了自媒体平台推荐内容的底层逻辑和关键数据，同时知道了平台会对没有时效性、内容不够垂直、同质化高的内容进行限流，我们就可以更加精准地找到我们的选题，也可以从运营的角度对我们的文章进行优化。

具体来说，我们可以使用以下六个方面的技巧。

1. 调整观点与切入的角度

我们在前文中提到内容需要避免同质化，但是如果你能提出独特的观点和切入的角度，你仍然可以选择写别人写过的选题。以李商隐为例，很多人在写李商隐的仕途时，会将其怀才不遇归因于统治者不欣赏人才，然后按年份概述他的一生。这种写作逻辑很常见，如果你也按照这个逻辑来写，那么你的文章可能不会成为爆款文章。

如果你还是想写这个选题，那么你可以提出一个新观点，并从吸引人的角度切入。例如，你可以阐述李商隐的怀才不遇并非因为统治者不懂得赏识人才，而是因为他被迫卷入了"党争"。

在切入的角度上，你可以从"李商隐在一次酒会上爱上了他老师的政敌的女儿，从此两派均视李商隐为叛徒"这个有冲突、有看点的细节入手。这样的角度能够吸引读者的兴趣，使文章更有吸引力和可读性。

因此，在选题不变的情况下，通过观点和切入角度的差异化调整，可以大大增加被平台推荐的机会。这也是为什么有些人在热点事件发生后两三天再写相关文章，仍能得到良好的推荐效果。他们找到了其他创作者未涉及的角度，对热点事件进行了新的解读，从而降低了内容的同质化程度。

你可能会问：我如何确定自己的内容是否与他人相似呢？其实很简单，在列出大纲、动笔撰写整篇文章之前，你可以在易撰上搜索含有"李商隐"标签的文章。

具体操作见下图，步骤是：选择头条号—全部—阅读量排序—7天内—输入关键词—选择标签。

在找到这些文章后，你可以先选择一些阅读量为10万＋的文章进行对比，观察它们在结构和观点上是否有雷同之处。如果有雷同，只要你的文章写得更好，你仍然可以选择这个选题。如果存在较大差异，建议你根据上述方法进行修改和调整。

另外，在看完10万＋阅读量以上的文章之后，你也可以适当地看看阅读量低的文章的结构与自己文章的结构是否相似。如果相似，你需要进一步考虑：这篇文章没有成

193

为爆款文章的原因是什么？是因为内容写得差，还是因为
选题本身已经被探讨过很多次，选题已经不够吸引人了？

2. 通过配图提升文章的点击率

在前文中，我们提到了提升文章点击率的策略之一是
优化文章标题。然而，还有一个经常被大家忽略的技巧，
那就是合理使用配图。

配置一张或几张高清晰度、与文章内容紧密相关的图
片，可以显著提高用户点击的欲望。

此外，在创作微头条时，我们也可以利用配图来吸引
读者阅读全文。如果微头条配有一张图片，那么前三行内
容会被展示出来，其余内容需要点击后才能查看。如果配
图为三张，那么至少前五行内容会被展示。你可以利用这
些展示出来的文字来吸引读者的注意力。

3. 增加引导话术，进而提升互动率

当你的文章的互动率高于同类型、同梯队的文章时，
你的文章获得推荐的概率也会大大增加。

因此，你可以在自己的文章中加入一些引导语，以吸
引读者点赞、转发、收藏和评论。

有时，你只需在结尾处增加一两句话即可。比如，你
发了一篇关于家庭暴力的文章，就可以在结尾处写上：

对于这件事情，你怎么看？欢迎在留言区写下你的看法。

写情感类文章时，你可以在结尾处写上这样的话：

请相信你永远可以逆袭，前提是要把每件事做好一点、做久一点。

你的人生，就会在不远处绽放。

点亮"赞"，与朋友们共勉。

写干货类文章时，你可以在结尾处写上这样的话：

如果你觉得这篇文章对你有帮助，欢迎你转发给你的朋友，或者收藏下来。

别看就这短短的几句话，能够稳定提升 10% ~ 20% 的互动量。

4. 参与官方活动和打榜

自媒体平台经常会发布一些活动。比如，头条号在创作者中心的主页就有活动的入口，如下图所示。

参与这些活动可以获得流量扶持，如果文章质量得到认可，还有机会获得额外奖金。但请务必仔细阅读活动说明，确保自己的文章符合要求，避免出现不必要的问题。

5. 在内容方面保持个人特色

内容垂直度对文章的推荐量具有重要影响。一旦确定了写作方向，建议你不要轻易更改。

6. 坚持更新

许多新媒体人之所以在变现方面表现不佳，往往是因为他们未能坚持更新。自媒体平台的运作依赖于推荐机制。你的文章能否成为爆款文章，在很大程度上取决于你的选题和内容质量。

或许你连续写了 10 篇文章都未能找到感觉，阅读量也不尽如人意。然而，就在你写第 11 篇文章的时候，你可能会突然找到感觉，写出来的文章可能会一鸣惊人，甚至带动你以前文章的阅读量。

以我们自己的账号为例。在刚刚做账号的时候，我们准备写一系列关于"唐宋八大家"的文章。

当我们写到第五篇时，没有一篇文章的阅读量超过一万的。然而，当我们在第六篇写到欧阳修时，文章一下子就爆了，24 小时的阅读量超过了 30 万，并且把其他几篇文章的阅读量也带到了近 10 万。

所以，坚持更新也是提升文章推荐量的一个技巧。

第三节 涨价诀窍：掌握 七个方法，提高文章单价

一、影响文章收益的四个因素

文章的平均阅读时长越长，其单位阅读收益就越高。

这里简单提一下阅读单价，平台会根据众多影响因素自动为账号计算千次阅读单价，并实时更新。其中，平均阅读时长是影响千次阅读单价的重要因素。

举个简单的例子，你的文章 A 的平均阅读时长约为 5 分钟，阅读量为 10 万，那么这篇文章的阅读单价可能是 8 元/千次。换句话说，你可以从这篇文章中获得 800 元（100×8）的稿酬收益。

而你的文章 B 的平均阅读时长约为 1 分钟，且阅读量也是 10 万，那么这篇文章的阅读单价可能只有 1.3 元/千次，换句话说，你只能从这篇文章中获得 130 元（100×1.3）的稿酬收益。尽管这两篇文章的阅读量相同，但收益却相差了数倍。

下面两个图是同一个账号的两篇不同文章的数据，大家可以比较一下。这两篇文章在同样等级的阅读量的情况下，平均阅读时长相差很多，收益也相差很多。

实际上，影响文章收益的因素一共有四个，除了前面提到的阅读量和平均阅读时长，还有粉丝阅读量以及文章价值系数。

粉丝阅读量是指在文章现有的阅读量中，粉丝阅读的数量。粉丝阅读量越多，文章的千次阅读收益也就越多。

下面的两张图是两篇文章的数据对比。第一篇文章的阅读量为 34861，平均阅读时长为 1 分 55 秒，粉丝阅读量为 13400，收益达到了 152.31 元。第二篇文章的阅读量比第一篇高，为 42401，且平均阅读时长比第一篇文章还多两秒。然而，主要就是因为它的粉丝阅读量比第一篇文章少，因此收益就比第一篇文章低，只有 119.77 元。

文章价值系数的概念相比于前面几项略显抽象，主要受两个因素影响：一个是文章的原创度，另一个是文章的质量。

文章的原创度我们在之前讲过，一定不能低于 70%。否则，不仅会影响你的千次阅读单价，还可能会被扣除大量的信用分，甚至导致账号被封掉。

而文章的质量就比较复杂了，它与我们之前提到的互动率、平均阅读完成率、粉丝转化率以及内容的垂直度都有关系。

我们如何去查看头条号文章的千次阅读单价呢？如下图所示，你可以打开网页版创作中心，点击左边的"收益数据"，然后点击"创作收益"，再点击"文章"以及"千次阅读单价"进行查看。

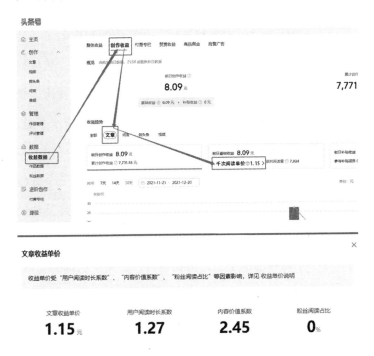

二、提高文章单价的三个维度

知道了影响文章收益的因素，我们也就间接地掌握了提高文章单价的方法，一共分为三个维度。

三个维度分别是：内容质量维度、互动率维度、阅读时长维度。

1. 内容质量维度

评价内容质量有一个重要的指标，就是内容的完读率。

那如何提升内容的完读率呢？这里有三个方法。

（1）打磨选题、大纲和素材。在写作的初期阶段，我们通常遵循一种按部就班的模式，即先确定选题，然后列出大纲，最后收集素材完成稿件。这种线性流程被认为是一种常规逻辑，然而，当我们的写作技能达到一定水平时，就需要寻求更多的突破和精进。

我将其总结为一句话：当选题、大纲、素材三个方面中的任何一个方面有所突破时，就可以反过来优化其他的两个方面。

举一个简单的例子，之前我想写一篇关于和珅的文章，最开始定的选题是：和珅的崛起与坠落——清朝最大的贪官是如何一步步走向灭亡的。

随后，我以故事性的方式定好了"起—承—转—合"的大纲。然而，在搜集素材的过程中，我发现这个选题已经被大量撰写，即便我的文章质量很好，也可能因为选题的新颖性不足而被减少推荐。

在这个过程中，我发现了一个新的素材。通常我们认为"和珅跌倒"的结果是"嘉庆吃饱",而"和珅崛起"的原因是"乾隆的恩宠"。然而,这个新的素材提供了一个全新的视角:和珅的崛起还与一项政策——乾隆的"满洲至上主义"有关。

我们都知道,清朝统治者一直以满族人为尊,蒙古族人次之,汉族人排在最末。然而,在乾隆之前的皇帝们,为了团结汉族人,还是给予了汉族人一定的"面子",当然这个面子打了引号。顺治皇帝曾宣称自己在对待官员上"不分满汉",而康熙皇帝也在汉族人聚居的江南地区增加了考试入选的名额。

然而,这些措施只是表面上的功夫。如果满族人的地位在官员中不再占据优势,那么满族人的自我认同感就会急剧降低,甚至最终会导致满族人的彻底汉化。例如,我们所熟知的纳兰性德,就是一位汉化程度很深的八旗子弟。

因此,清朝的统治者一直致力于保持满族人的独特性,各地满族军队与汉族军队也要分开驻防。

然而,即便如此,到了乾隆皇帝统治时期,他还是发现越来越多的满族人正在汉化。

面对这一局势,乾隆皇帝只好进一步强化"满洲至上主义"政策,以进一步确保满族人的优势地位。

他采取的最直接的举措就是在官员选拔上,进一步加大对满族人的政策倾斜。

如果你是乾隆时代的贵族，那么就可以跳过一切选拔程序，直接凭爵位就能得到官职。乾隆初期的大学士、军机大臣讷亲就是凭借一等公爵的爵位直接获得了从二品的官，仅次于正二品。

如果你的家世没那么显赫，也不用担心，你可以先当侍卫，有了机会再谋求成为正式官员。实际上，这是当时满族年轻人晋升的常见途径，和珅最初也是以侍卫的身份开始其仕途的。

这么一来，很多满族人就能很早进入官场，提前占据位高权重的职位。正是在这种制度下，和珅得到了提拔。

看到这个素材之后，我就对这篇文章的选题和大纲有了新的想法。于是我重新制定了选题和大纲。

选题：和珅之所以能成为权臣，并不仅仅因为他精明能干，还因为"满洲至上主义"。

大纲的逻辑也不是仅仅讲故事，而是在"转"和"合"两个部分对和珅的崛起与坠落进行了深入分析：探讨他崛起的原因，以及他坠落后对清朝的影响。

如此一来，这个选题和内容就变得有深度，既具有话题性，又具有稀缺性。文章的内容也让对和珅感兴趣的读者耳目一新，引发了他们的好奇心和探索欲。因此，文章更容易吸引读者并提高完读率。

再举个例子，如果你很喜欢苏东坡，但看到很多文章的内容千篇一律，你可能会在开头就失去了兴趣，因为接下来要讲的内容你已经大致知道了。然而，如果有一篇文章在开头讲述了一个你从未听过的苏东坡的轶事，那么很可能会吸引你继续阅读下去，甚至读完整篇文章。

（2）做好文章的排版。许多文章的内容质量很好，但点击后却给人一种视觉上的不适感。文字过小、内容过于密集、层次不清晰，甚至全文无一张配图，这些都可能让读者感到眼花缭乱，失去继续阅读的欲望。

为了提供更好的阅读体验，以下是排版时需要注意的一些事项：

1）为每个板块设置一个小标题或序号，这有助于读者快速了解内容结构，提高阅读效率。

2）重点字句应加粗或以其他明显方式进行标识，以突出文章的核心观点或重要信息。

3）配置与内容相关的图片，一般 800 字至少应配一张图片。当然，图片数量没有固定的标准，关键在于位置要合适。适当配图可以增强读者的阅读体验，使文章更有吸引力和可读性。

4）控制每个段落的长度，避免段落过长。适中的段落长度有助于保持读者的注意力，使文章阅读起来更加轻松流畅。

比如，《100万日本人正在"消失"：躺在家里，混吃等死》[一]这篇文章在以上四个方面做得就比较好，也取得了不错的成绩：44万阅读和2200条评论。

（3）发布的内容要垂直，也就是要坚持在一个领域持续发文。

比如，你通过阅读一篇关于历史的文章（并且你认为这篇文章特别好）而关注了某个账号，你会期待其新发布的内容同样具有吸引力。然而，在这个账号发布了新文章之后，你点进去发现新文章是关于育儿知识的，而你对这个主题并不感兴趣。这时，你可能会采取以下两种行动之一：取关该账号或者立即退出阅读。如此一来，文章的完读率就会随之降低。

2. 互动率维度

这个维度的关键数据主要分为两个方面：一个是用户与你互动的程度；另一个就是用户通过阅读文章关注你，成为你粉丝的比例。

我们可以从以下三个方面来提升互动率。

[一] https://www.toutiao.com/i7035273619156582942.

（1）在文章的开头或结尾添加与用户互动的话术引导。比如，你可以在文章结尾处这样写："对于这样的方法，你怎么看？"或者"你有没有什么更好的方法？欢迎你在留言区发表你的评论。"

如果你可以提供一些激励粉丝的福利，也可以写出来。比如，你可以这样写："发表你的看法并在 24 小时内获得点赞前三的朋友，将免费得到一本精美图书。"

你可以把福利当成一个钩子，把门槛设置得高一些，如 200 点赞或者 500 点赞。这样既能有效引导读者，也能确保文章在达到一定点赞量时已经积累了较高的阅读量。对于你来说，赠送图书的成本也是可以承受的。

如果你承担不了赠送图书的成本，也可以这样引导："欢迎在留言区发表你的评论。凭借评论截图，私聊作者，可获得往期精彩文章的资料包。"

这些简单的话术很容易激发读者与创作者进行互动的热情。

（2）在文章的开头或结尾添加关注超链接，引导读者关注你的账号或者点击你的账号的主页。

具体方法是进入文章的编辑界面，按下"Ctrl＋K"键或者点击下方图片提示的按钮。

接着把你的文字说明和主页链接填写进去，再点击"确定"即可。

（3）在文章末尾处推荐以往的文章。你可以让用户点击链接查看以往的文章。

具体操作同上。添加超链接后，把文章的标题和文章的链接填写进去即可。

往期推荐：

两位神童"戏耍"清华北大，高考如此探囊取物，为何最后沦为众人

江歌去世后，其母江秋莲奔波五年声讨刘鑫，如今怎样了

3. 阅读时长维度

想要增加阅读时长，你可以增加文章的字数。对微头条而言，字数为 300～800 比较合适；而对长文而言，字数为 2200～3500 比较合适。

当然，写这么多字的前提是，你的文章不能"注水"。如果文章内容过于冗长或缺乏实质性内容，读者可能会感到失望并选择放弃阅读。这样，不仅文章的阅读时长没有增加，完读率反而会降低。

第四章

持续精进

第一节　爆款是重复的：学习爆款，才能写出爆款

拆解并学习爆款文章的写法，可以让我们的写作水平更进一步。

一、什么样的文章是爆款文章

在前文中我们说过，爆款文章一般是指阅读量为 10 万 + 的文章。

然而，如果某账号单篇文章的阅读量远高于该账号的平均阅读量，那么这篇文章也可以被视为爆款文章。

例如，某个账号平时的文章的阅读量只有几百，但突然出现了一篇阅读量为 1 万 + 的文章，那么这篇文章就可以被视为爆款文章。

二、如何寻找爆款文章

现在市面上有很多针对各大平台爆款文章的数据分析

软件，我常用的是易撰，但这个平台会收取一定的服务费。如果你还是个新手，可以用免费的网站清博，在这个网站上，你可以查看微信公众号的爆款文章。

打开这个网页后，你可以对文章的领域进行选择，且可以勾选"原创"与"10万＋"这两个选项。

这些当日阅读量为10万＋的文章相对来说都是很好的文章。当然，并不是每篇文章都值得我们去研究。比如，新闻资讯类的文章通常不在我们研究的范围内。我们从中筛选出自己喜欢的文章去进行拆解即可。

另外，还有头条榜单，其中有很多头条爆款文章。对于希望做好头条号的人来说，从中筛选一些适合拆解的文章也是很有帮助的。不过，清博指数对于头条号的分析功能还有待加强。

另外，你还可以从自己喜欢的微信公众号中查看它们的爆款文章。比如，有书微信公众号的头条文章的阅读量通常都是 10 万 +，点赞和在看数一般为 3000 ~ 8000。如果有一天你看到一篇文章的点赞和在看数为 1 万 +，那么这篇文章就是这个微信公众号的爆款文章了。

三、如何拆解爆款文章

在找到一篇爆款文章之后，我们可以从哪几个方面进行拆解呢？

1. 拆解选题

你需要从两个角度去思考选题的价值，也就是看点和转发点。

简单来说，看点是指读者为什么会愿意看这篇文章，而转发点是指读者为什么愿意转发这篇文章。

你需要在文章中找出这两个点并记录下来。

记住，要用传播的逻辑去思考问题。

读者之所以会愿意转发一篇文章，是因为它表达了他们的观点或个人立场，让他们产生了情感共鸣。

2. 拆解大纲

就像庖丁解牛一样，我们需要将文章分解成"骨架"和"肉"，才能看清其完整的结构。

在写作时，我们需要先拟定大纲，而拆解爆款文章也是如此。在拆解完爆款文章的选题之后，我们需要按照大纲的逻辑对其进行拆解。

具体来说，我们需要找到文章的主线是什么，核心逻辑是什么，采用了什么样的结构。文章是采用"是什么—为什么—怎么办"的结构，还是"总—分—总"的结构，抑或是"起—承—转—合"的结构？

如果文章采用的是"起—承—转—合"的结构，那么我们需要从以下几个方面进行拆解：

首先，我们需要了解文章是以什么作为切入点的，比如，以一个具体案例、一个引人入胜的故事或者一个核心观点作为开头。

其次，我们需要找出文章中的论点，并判断这个论点是不是整篇文章的核心论点。

再次，我们需要分析文章中使用了哪些内容来论证这个核心论点，如使用了几个段落、采用了哪些论据进行论证。同时，我们需要注意文章是否使用了正面和反面的案例进行论证，以增强论点的说服力。

最后，我们需要了解文章最终的落脚点在哪里，是否与核心观点相呼应，并且在核心观点的基础上进行了升华。文章的结尾部分通常是一个重要的环节，可以以金句或者其他方式结尾，以达到引人深思或强化核心观点的效果。

3. 拆解数据

拆解数据也是我们拆解爆款文章的重点工作，我们主要关注三个数据，即：展现量、阅读量、点击率。

展现量是和文章的选题相关的，也就是说，平台的系统会根据文章的信息去确定推荐对象，如果文章的选题包含热门人物或者有流量的事件，那么得到推荐的概率会大很多。

当我们发现自己文章的展现量很低的时候，就要考虑是否自己选择了一个不合适的选题。

　　阅读量、点击率是和文章的标题相关的，文章的标题越好，阅读量和点击率就会越高。

　　当我们发现自己文章的点击率很低的时候，就要思考一下应该如何优化标题。

第二节 投稿实战：
提高投稿成功率的秘籍是什么

　　我们平时经常接触到的投稿平台主要包括微信、头条号、百家号等。在微信中，微信公众号和视频号是投稿的主要载体。目前，大部分的微信公众号都有收稿需求，而随着视频号的发展，视频号也将有更多的收稿需求。

　　与头条号、百家号等公共领域平台相比，微信的内容主要展示给粉丝和好友，因此相对封闭。

　　接下来，我们以微信公众号投稿为例，从编辑的视角出发，来给大家讲解一下微信公众号投稿的注意事项。

　　当你向微信公众号投稿时，与你对接的是各个账号编辑。他们对于稿件的评估和喜好主要依据的是微信公众号的风格和特点。在审核投稿文章时，编辑是以读者的视角来评判文章的质量的，他们会欣赏文章中精彩的部分，也会对不足之处提出改进建议。

　　在此，我为大家总结了投稿的四个加分项，分别是选题好、观点好、语言好、热点好，以及三个减分项，分别是观点旧、文章平、风格不符。

一、投稿的四个加分项

1. 选题好

选题好是指编辑在看到文章时，能够迅速判断出文章的主题和内容。通常，编辑可以通过标题做出初步判断。因此，在投稿前，为文章起一个引人注目的标题，能够有效地吸引编辑的注意力。一个出色的选题需要具备新颖性和话题性，能够引起广泛的关注和讨论。

比如，一篇稿件的标题为《干净，是一个人最好的品行》，这个选题在多年前就已经出现，并且被多次撰写。如果没有新的内容，编辑很可能会从选题上否定该稿件。此外，如果投稿平台刚刚发布过类似选题的文章，再次投稿很可能被拒绝。此时，我们需要选择其他平台进行投稿。

2. 观点好

观点好是指文章的核心观点新颖，能够让人认同。平台的编辑看完选题，会接着看文章的观点。如果文章能够鲜明地表达观点，并且与投稿平台的风格相符合，编辑便会有耐心深入审核文章的内容。即使文章的内容一般，只要和平台的风格相匹配，他们仍会给予修改的机会并指导如何修改。修改完成后，文章就有可能被采用。

以一篇名为《检验婚姻最好的标准：睡觉》的投稿为例，如果该观点的文章在投稿平台上尚未发布过，编辑在看到这篇文章时便会被吸引，并仔细审核其内容。如果文章的观点与平台一贯倡导的价值观相悖，编辑可能会拒收。这并不意味着文章的质量有问题，只是与平台的风格不符。在这种情况下，你可以考虑将文章投向其他平台。

3. 语言好

语言好是指写出了很吸引人的开头，采用了有支撑力的素材、有张力的语言、感染人的结尾……这些都会给文章内容加分。编辑在审核文章时，通常会被文章的语言所感动，从而决定采用投稿文章。如果文章的选题和观点都没问题，再加上语言也非常好，就会出现"一稿过"的情况，也就是说不用做任何修改，直接被采用。

而语言问题是大多数新手作者遇到的最大问题，不断地阅读、学习、写作是提升文笔的有效途径。

4. 热点好

热点好是针对热点话题文章的一个属性。热点类文章是编辑最喜爱的文章类型之一。相比于审核一篇正经的观点类文章，以热点为切入点的文章更能拉低编辑的审核标准。

热点好是指热点事件刚刚发生，且我们能够从中总结出观点，非常适合撰写新媒体文章，发布后能够吸引广泛的关注。

比如，我们可以从高考热点、春节热点、奥运热点中提炼话题和观点，这些热点就是好的热点。再比如，每天发生在我们身边的新闻大小事（城管和小贩吵架、某城市出现彩虹、某明星被鱼刺卡喉咙等），这些热点一般没有提炼话题和观点价值，就不值得写。

二、投稿的三个减分项

说完了加分项，接着我们来聊聊减分项。

1. 观点旧

观点旧是指文章想要表达的观点已经过时或被广泛传播过，被多人撰写并发布在平台上。这种情况是编辑在审核稿件时经常遇到的问题。从平台编辑的角度来看，他们每天要审核大量稿件，对行业内的最新观点和文章了如指掌。如果作者不够了解，仍然投稿包含老旧观点的文章，则很可能会被拒绝。

解决这个问题最好的方法之一是作者要与时俱进，了解行业动态和最新观点，避免辛苦撰写一篇文章后发现刚刚被别人写过。作者至少应该了解一些行业账号发布的最新文章和观点，以确保自己的文章具有新颖性和独特性。

2. 文章平

文章平是指文章的阅读感受很平淡。写文章忌讳枯燥乏味，让读者读完内心毫无波澜。文似看山不喜平，在撰写文章时，应注重情节的起伏、详略的安排以及正面和反面的表达，使文章丰富有趣，让编辑在阅读后觉得文章极具吸引力。

流水账式的行文和温吞吞的叙述往往会毁掉一个好的选题。在开始撰写文章之前，我们要深入思考并制定文章逻辑的起伏，确保文章具有吸引力和可读性。

3. 风格不符

风格不符对于投稿的打击是致命的。顾名思义，风格不符是指文章的风格和所投稿账号的风格不相符。这样的文章，即使写得再好，账号也没有办法发布，编辑一般会以风格不符为由拒绝录用。

总而言之，每个账号都有自己的定位、特点和发布内容的要求。例如，情感类账号通常发布情感类文章，亲子类账号通常发布亲子类文章，等等。没有一个平台会发布所有类型的文章。这就要求我们在投稿前就清楚地知道自己文章的风格，并选择最适合的平台进行投稿。这样，编辑在第一时间看到文章时，便能够判断其与平台风格是否相符。

如果因为"风格不符"被拒稿，你也不要沮丧。这并不一定意味着文章有问题，只是它可能不适合该平台。这时，您可以尝试寻找其他更合适的平台进行投稿。

在策划选题和撰写文章时，把加分项纳入其中，把减分项排除在外，会大幅提高文章的过稿率。

三、如何做好头条号、百家号等公域流量平台的投稿

接下来，我们再说一说，如何做好头条号、百家号等公域流量平台的投稿。

我们先来思考一个问题：公域流量平台和微信公众号平台有什么区别？

在微信公众号平台中，你只有关注了某个微信公众号，才会收到该微信公众号的文章推送；而在头条号、百家号等公域流量平台中，即使别人不关注你，平台也会把你的文章推荐给可能感兴趣的非粉丝用户。

所以，微信公众号文章的读者主要是粉丝，而头条号、

百家号等平台文章的读者主要是陌生人。这就要求头条号、百家号等平台的内容要比微信公众号平台的内容更能抓人眼球。在文笔方面，头条号、百家号等平台的要求也没有那么高，对新手比较友好。

我把公域流量平台的投稿分为微头条和长文两大类来进行讲解。

1. 微头条的投稿

微头条的字数一般为300~500字，以趣味故事和书籍推荐为主，写作难度相对较低。

一条优秀的微头条需要具备吸引人的开头，通常需要在前45个字内展示出亮点、冲突、悬念等关键要素。此外，微头条的内容也需要具备较高的原创度，通常在65%以上。

在微头条征稿中，编辑审核的主要关注点在于文章的开头是否吸引人，以及故事的前因后果是否交代得清楚、语言是否流畅。

2. 长文的投稿

长文的字数一般为3000~3500字，要求原创度在70%以上，内容有趣味性，或者能给读者带来新知识。

写好这类文章的关键在于内容要有冲突点和矛盾点，

也就是说，内容能激发读者的阅读兴趣并调动他们的情绪。

那具体怎样才能写出符合要求的长文呢？我从读者的视角出发，总结出以下三点：

第一点：在开始撰写文章之前，我们需要对选题进行逐字逐句的拆解，并提炼出其核心冲突点。

许多作者往往会迫不及待地开始写作，将能找到的素材一股脑地堆砌在一起。然而，这样的文章往往会出现逻辑混乱、观点模糊甚至离题等问题，从而降低了过稿的概率。

正确的做法是，先仔细分析选题的冲突点，并在开头（大约 120 字左右）用简洁明了的语言表述出来。

比如，针对选题"鼠王邱满囤：被专家炮轰破产，再出山灭鼠 200 万，秘方带进坟墓里"，我们可以这样开头：

200 万只老鼠，在他的面前争相赴死；外国人开出天价收购条件，他却执意把专利带入坟墓；面对国内一些专家的联合抨击，他默默钻研十几年，最终用灭鼠成绩响亮打脸专家团。

从万人敬仰到受人唾弃，再到东山再起，"鼠王"邱满囤的一生，到底有哪些传奇？

这样的开头能够帮助读者快速获取关键信息，同时通过制造冲突和悬念来激发他们的阅读兴趣。文章需要有足够的趣味性以吸引读者，同时确保他们在阅读后能够有所收获。做到这一点，你的文章就已经成功了一大半。

第二点：正文部分要紧扣主题，详略得当，重点突出。不重要、没冲突的情节、细节一笔带过即可。

有些新手在写作中经常犯的错误是把头条号、百家号的人物故事稿写成"百度百科"，把人物的生平、职位升迁、家庭变故等细节都详细地写进文章里。这样的文章会让读者失去兴趣，被平台判定为低质内容，限制推荐，同时也难以获得编辑的认可。

要解决这个问题，我们还是以"邱满囤"这个选题为例。在提炼出选题的冲突点后，我们可以清晰地看到主人公是一个倔强、有追求、能够隐忍的人物。他的人生经历了三起三落，每一次起伏都让他更加成熟和坚强。因此，要讲好邱满囤的故事，我们需要聚焦于他的三起三落，舍弃与这个主题无关的素材，展现他在人生起伏中如何面对外在的财富和名誉变化，以及他的内心世界经历了哪些蜕变。这样，故事才会有起有伏、层层递进，让读者跟随我们的叙事节奏走，被邱满囤的人生故事所打动。

第三点：结尾部分重申主题，或升华，或引发共鸣，让读者感到这是一篇完整、有价值的文章。

第三节　高效复盘：在自媒体精进之路上，如何进行高效复盘

喜欢写作的同学应该都听过一句话：好的文章是改出来的。

在写作前期，"改"确实是一件令人感到痛苦的事情。此时，掌握一项可以让自己持续进步的技能就显得尤为重要，而这个技能就是复盘能力。

实际上，复盘不仅对于写作很重要，在我们的工作和生活中都显得格外重要。

一、重新理解复盘

你在执行计划时是不是有过这样的困惑：为什么我按照规定完成了计划，可还是觉得自己没有提升？

答案很简单，你可能缺少一个关键动作：复盘。

我们先来解释一下什么是复盘。

复盘的本质是分析过去的经验，从中吸取成功的精华，

并深入分析失败的原因，以便不断优化自己的能力。

简单来说，当完成一件事后，你需要坐下来对这件事进行深入分析，尤其是针对失败的事情。例如，你可以回顾预先设定的目标、执行过程中出现的问题以及为什么结果没有达到预期等。通过重新梳理这些事情，你可以从中汲取教训并避免重蹈覆辙。

《荀子·儒效篇》中写道："学至于行而止矣。"也就是说，只有真正理解了，才能指导自己的行动；只有能够践行，才算是完整或真正的学习。

然而，现在很多人都在提"复盘"这个词，但是大家真的会复盘吗？

多数人的复盘方式，就如同核对考试卷一般，判断对错，一旦结果正确，便就此翻篇，甚至为了证明自己的正确，会找出各种理由。

另外，有些人在复盘时，只是简单地罗列数据，如自己阅读了多少本书、听了多少门课，却完全不考虑自己真正吸收了多少。

以学习写作为例，有些人学习一年后，比那些已经学了三五年的人看起来更加专业。这是天赋的差异导致的，还是自己不够努力呢？

当然，和两者都有关系，但还有一个可能性，那就是你没有发现自己的错误，一直在用错误的方法持续练习。因此，复盘的前提是走出复盘的误区。

在开始复盘之前，你首先要问自己一个问题：我是不是走入了复盘的误区？

复盘时，我们容易陷入的误区有以下三种。

1. 自我欺骗，证明自己是对的

比如，明明没有读完50页书，但为了让自己心安，硬是花3分钟时间把书给翻完，然后在自己的任务清单上的"读书"这一栏打个钩。

2. 形式主义，应付差事，流水账式地盘点工作

比如，把一整天干的事情（上街买菜、接送孩子等）都记录下来。

3. 浅尝辄止，缺乏深入分析

举一个具体的例子，比如设定了每日更新文章的目标，但若未能坚持下来，许多人在进行复盘分析时容易直接将原因归结为缺乏毅力。然而，这种简单的结论往往忽略了更深层次的原因。为了进行真正的复盘分析，我们需要深入挖掘影响毅力的各种因素。比如，是否因为阅读量不足，感到无从下笔，进而产生了懈怠的情绪？通过深入分析这些潜在原因，我们可以更准确地了解问题所在，并制定更

具针对性的改进措施。

我们常说的复盘，其核心在于从过程中寻找到有价值的信息、流程或方法，这些可以被称为"套路"，是一种已经内化为自身能力的工具，随时都可以在实践中应用。

比如，我在写作方面几乎可以保持日更的状态。

许多学员对此感到好奇，纷纷问我："你每天都要忙于工作，还能坚持写作，到底是怎么做到的呢？"

其实很简单，我在制定目标和计划之后，会不断地对其中的每个环节进行复盘。

比如，在我的周计划中，我设定了每天要写作 2000 字的目标。然而，我在复盘时并不会简单地查看自己是否达到了这个目标，而是会对这一周的写作状态进行深入的分析和总结。我会找出哪些地方做得好，哪些地方还有待改进，并据此制订下一周的计划。

在刚开始尝试日更的时候，我发现在寻找选题和构思文章大纲这两个环节上会花费很多时间，这让我无法按时完成自己的写作计划。

经过复盘，我意识到问题并非出在我努力不足上，而是没有做好写作的"时间管理"。比如，思考选题并非在那里闷着脑袋想就能想出来的，有时候需要灵感。

因此，思考选题完全可以利用碎片化时间进行，或者在阅读的过程中进行。

于是，我调整了自己的写作流程：

在早上通勤的时间段，我会阅读 5 ~ 10 篇与当天写作主题相关的文章，并提炼出其中的要点保存至云笔记中；

在吃早餐的时间，我会听 1 ~ 2 本相关的"听书"或者 1 ~ 2 节课程，以确定当天要写的 3 ~ 5 个文章的主题；

在午休前后，我会写出文章的大致框架，并确定打算使用的素材；

在下班后，我会利用一段完整的时间，根据之前写好的框架完成整篇文章的撰写。

通过这种方式，我充分利用碎片化时间，成功地坚持了多年的日更。

这种复盘和调整的过程让我能够从过去的经验中挖掘出潜能，不断向过去的自己学习，并进行自我进化。

我有个好朋友 K 叔，他是自律和 OKR（目标与关键成果法）方面的资深实践者，同时也是一个日更达人。我把他的写作"套路"分享给大家（见下表）。

复盘总结出的写作套路

早上通勤路上：（7:00 - 7:40）	阅读 5 篇优质公众号文章，转存云笔记，每天听一本书，确保听完
到公司早餐后：（8:00 - 8:30）	根据听书内容，或者公众号文章，确定 3~5 个文章主题，保存至草稿箱
午餐后：（12:00 - 12:40）	根据文章主题，写下能够想到的核心立意，以及文章素材
下班通勤路上：（40 分钟，因为加班无法保证，确定不了具体时间）	继续完善文章的立意、观点、论据和素材
孩子睡后：（晚上 10:00 以后）	对文章补充完善，完成整篇稿件

从上面的表格中我们可以看出，写文章并非一味地坐在那里硬想，而是要不断复盘，不断调整，找到一个属于自己的"高效写作"的节奏。

二、如何高效复盘

在走出复盘的误区后，我们就可以开始高效复盘了。

在这里，我给大家讲三个关键词：高频、深度、持续。我们逐个来看。

1. 高频

频率之所以重要，是因为它直接影响到我们成长的速度。

每年初，我们都会信心满满地设定目标，可到了年底回顾的时候，却往往欲哭无泪。我也曾经雄心勃勃地想要大干一场，但到年底时，却发现过去的一年又被浪费了。

有些人在尝试日复盘的过程中，发现这种状态难以长期坚持。然而，我发现了一种适合自己的复盘节奏：每周进行一次大的复盘，每天进行一次简短的记录。

在复盘时，我会回顾计划的完成情况、每周的实现程度，以及哪些项目需要调整。而且，我始终保持百分之百的真实记录，无论本周的状态是好是坏。

这时，可能有些人会问，在频率方面，到底有哪些复盘形式呢？实际上，有两种复盘形式可供我们选择。

（1）每周、每月、每季度的复盘。

在进行周复盘时，我会聚焦于最重要的任务，并删除不重要的琐碎事情。

这里我要推荐给大家一个实用的复盘小工具：计划四象限法则，其中包括目标、本月计划、本周复盘和下周计划。

（2）重要时间节点的复盘。

比如，当一个活动或项目结束时，进行一次全面的复盘。

2. 深度

深度决定了自我进化的质量。

很多人在刚开始进行周复盘的时候，可能会仅仅记录下完成了哪些任务。然而，即便如此，只要我们能够坚持下去，就会逐渐感受到改变带来的积极影响。

这是一个从无到有的过程，随着时间的推移，我们将逐渐成长并开始在周复盘中加入更深度的思考。

比如，在早期，我可能会简单地记录下自己阅读了多少本书。然而，现在我则会加入自己的读书心得和深入的思考，这样才能够使自己不断形成向上生长的正向循环，而不是停留在低水平的重复中。

3. 持续

成长的过程就像一场马拉松，而不是一次跳高，大家要比的其实是耐心。

当你觉得难以坚持下去时，可以尝试通过以下几种方式来主动设计自己的成就反馈系统，以帮助你进行持续的复盘和自我提升。

（1）设置可量化的目标。

以读书为例，一个关键目标是读完 50 本书。然而，仅仅量化这一目标对于提高我们的写作或阅读能力并没有实质帮助。

在进行复盘时，由于没有明确读书的质量和效果，就很难得出清晰的结果。精读和粗略翻看都是读书，但它们对能力的提升程度却有很大差异。

因此，我们需要对量化指标进行进一步的优化，明确什么才算是真正读完一本书。

基于我的经验，我给自己设定了一个标准：读完一本书不仅仅是看完，而是能够迅速地用 300 字左右复述出书的核心精髓，并激发他人对这本书的兴趣。

（2）设置量化成就里程碑。

比如，在减肥的过程中，如果直接设定了要减重 20 斤的目标，由于这个目标相对较高，一旦未能实现，我们在复盘时就很容易感到气馁。因此，为了增强信心，我们可以将目标分解为多个阶段性的里程碑。

比如，我们可以将减肥目标分为以下两个阶段：

第一个月：重点减少碳水化合物的摄入，并增加有氧运动，目标是减轻 2 公斤体重。

第二个月：在保持第一个月的饮食和运动习惯的基础上，增加蛋白质的摄入，并加入力量训练，目标是再减轻 4 公斤体重。

通过这种方式，将大目标分解为小目标，让每个阶段都有具体的目标和计划。这样可以让我们更容易看到自己的进步，从而持续获得动力。

（3）给自己设置一些奖励机制。

在复盘的过程中，每当达到一个设定的里程碑，我们都可以对自己进行奖励。比如，当达到成功减重 5 斤这个小的里程碑时，我们可以奖励自己一个运动手表。这种小小的激励方式能够激发我们持续坚持下去的动力。

有些人可能会问，这个过程需要持续多久呢？虽然说坚持 10 年听起来有些漫长，但实际上，只要我们能够坚持每周进行复盘，一年下来也一定会让我们的人生产生质的飞跃。

三、复盘的标准动作

当我们开始持续复盘的时候，就可以开始做复盘的标准动作：

（1）回顾目标。

（2）分析结果。

（3）剖析原因。

（4）总结规律。

接下来，我来讲一下如何完成这四个步骤。

1. 回顾目标

回顾一下你上一个周期的大目标是什么。

以我为例，上个星期我设定了以下三个大目标：

（1）通过阅读，最大化自己的知识存量。

（2）通过写作，最大化我的影响力和物质利益。

（3）走出自己的舒适区，让自己的知识结构更加多元化和体系化。

为了衡量这些目标是否达成，我设定了以下关键结果：

（1）阅读 7 本非虚构类书籍并吸收其中的内容。

（2）完成每日学习记录，且每天输出约 2000 字的文章。

（3）完成已经报名的经济学、管理学、金融学课程的学习，且每周输出一篇有观点、有主题的文章。

2. 分析结果

最终的结果其实并不理想：第一个关键结果，完成；第二个关键结果，完成；第三个关键结果，未完成，管理学课程只学了一半，其他两门课程还没有开始学。

3. 剖析原因

这个时候我就会分析原因，对于那些我已经完成的目标，我是否可以设定更高的挑战？对于那些未完成的目标，我是否能够找到完成的方法？

在分析原因的时候，你需要问自己三个问题：

（1）目标设置得是否合理？

（2）有没有制订不必要的计划？如果有，当初为什么这样做？应该怎么改正？

（3）是否所有的计划都围绕着目标展开？

总之，我们需要对每一步都进行深度分析，并不断修正。

4. 总结规律

每当一个季度、一周或一个项目告一段落时，我们在进行复盘时都要总结出一些规律。

也就是说，通过日检视、周复盘、月复盘等复盘工作，我们能够逐渐发现和掌握一些重要的规律。

就像我在前文中讲的，通过复盘，我确定了自己独特的写作套路。

然而，复盘工作并不是一蹴而就的，它需要我们长期坚持和不断积累。只有真正贯彻下来，它才能帮助我们不断提升自身的能力和水平。

就如同在有书举办的"新媒体变现实战特训营"中，刚开始许多人都认为老师布置的任务难度很大，需要花费很长时间来完成。但是，随着时间的推移，大家逐渐适应了任务的要求，现在只需要花费原来一半的时间就能够完成了。

此外，在老师点评作业的过程中，那些能够认真审视自己的错误并主动分析原因的学员，在短短几十天的时间里就取得了显著的进步。

我观察到很多学员的复盘有点形式化，他们只是简单地记录了自己未完成任务的理由。虽然这些理由看似是原因，但实际上它们更像是学员找寻的借口。好的复盘应该包含以下内容：

（1）分析自己完成的任务，寻找可以"传承"的优点。也就是说，总结自己在本周有哪些可以复制的优点和经验。

我建议大家可以准备一个小文档，用来记录自己每周新领悟到的经验和心得。这样在后期，你就可以将这些零碎的经验整理成一个系统的方法论。

（2）对于未完成的原因，我们需要保持客观的态度。

是因为缺乏搜集素材的能力导致任务未完成，还是因为时间管理不当，让许多不重要、不紧急的事情占据了你太多的时间？

（3）在复盘中，你还需要思考下一个阶段如何强化自己的优点以及如何改正缺点。如果确实是因为时间不足而无法完成任务，你可以重新评估自己的时间安排并调整周计划的强度。然而，这应该是你实在无法完成任务时的最后选择。